AF453261

LA VRAIE

THÉORIE MONÉTAIRE

ÉVREUX

IMPRIMERIE DE ERNEST QUETTIER
Rue Chartraine, 37

LA VRAIE
THÉORIE MONÉTAIRE

LA VÉRITABLE MONNAIE

ERREURS ÉCONOMIQUES — LE COURS FORCÉ

LA SÉCURITÉ, LA PAIX ET LA CIVILISATION PAR UN BON SYSTÈME

MONÉTAIRE ET PAR UNE CONVENTION

INTERNATIONALE

Par Ch. ROUSSOT

Auteur de

l'Impôt sur le Revenu. L'Impôt moralisateur

> La monnaie ne doit être qu'un certificat, un signe.
>
> Le cours d'une monnaie courante doit toujours être forcé et non abandonné aux caprices.
>
> Une bonne monnaie serait un puissant instrument de civilisation, et amènerait de grands progrès.

PARIS

LIBRAIRIE UNIVERSELLE DE GODET JEUNE

Place des Victoires, 9

ET CHEZ LES PRINCIPAUX LIBRAIRES

PRÉFACE

—

Ici surtout nous avons à combattre des idées vieilles, qui, justes autrefois, ne le sont plus aujourd'hui.

Le papier est accepté d'une façon continue dans le courant des échanges et les théoriciens ne se rendent pas encore exactement compte du rôle qu'il joue et de la valeur exacte du billet de banque, de son utilité, de sa nécessité.

Abandonnons nos idées routinières. Comprenons ce qui se passe, ne fermons point obstinément par ignorance les yeux sur les faits importants qui s'accomplissent devant nous et que nous méconnaissons. Ayons la compréhension de l'avenir, ne résistons point au courant et faisons les réformes qui s'imposent à notre état social.

Ne serait-il pas temps de reconnaître que, dans l'état actuel de la circulation, il n'est plus nécessaire que la monnaie soit une marchandise, et que sa valeur intrinsèque est un danger ?

Le principal crédit du billet de banque, disait un écrivain royaliste, M. Bocher, dans la séance du 11 juillet 1874, à l'Assemblée nationale, repose sur la certitude de sa convertibilité en monnaie. « Mais enfin, ajoutait-il, les faits n'ont-ils jamais été en contradiction avec la doctrine ? Regardez : voici près de trois ans que la Banque, suivant les termes stricts de la doctrine, serait en suspension de paiements, et cependant jamais le billet de banque n'a été plus solide qu'aujourd'hui.

« Je vous demande, M. le ministre, en 1870, quand vous administriez les finances de l'Etat dans une situation si régulière et si prospère, si on vous avait dit que, le cours forcé étant établi, les émissions s'élèveraient où nous les voyons aujourd'hui, que la Banque serait l'auxiliaire indispensable de l'Etat dans une guerre terrible, dans une guerre civile de deux mois, et que le billet de banque conserverait toute sa solidité, l'auriez-vous cru ?

« La solidité du billet de banque ne tient pas uniquement à sa convertibilité en monnaie. Il est solide parce qu'il est commode et nécessaire, parce qu'il est partout répandu et vulgarisé. Il est solide parce que le public a confiance dans la sagesse de ceux qui président à l'administration de la Banque. »

Il est donc évident que la doctrine émise par

l'Economie politique est trop étroite ; nous disons plus, nous affirmons et prouvons qu'elle est maintenant une erreur et ne répond plus aux besoins de la civilisation.

« Jusqu'ici, avouait M. Léon Say, dans le discours qu'il prononça à Greenwich, au dîner du *Cobden-club*, le cours forcé n'a pas produit d'inconvénients, et la cote des échanges montre que le franc est au pair avec la livre sterling. Cependant je ne puis m'empêcher de penser à ce que mon père, Horace Say, disait en 1848, à une époque où les paiements en espèces avaient également cessé : « Je suis effrayé, me dit-il, du peu de tort que cause le cours forcé !... »

« Mon sentiment est le même maintenant, et, voyant combien nous avons peu souffert, je me demande si la théorie du cours forcé ne pourrait pas s'acclimater dans notre pays, ce qui serait un grand malheur. »

Loin que ce soit un grand malheur, c'est selon nous, une chose heureuse, désirable, féconde et de plus en plus nécessaire.

Il faut à la circulation un instrument propre, un outil spécial, particulier, qui satisfasse tous ses besoins et réponde à toutes ses exigences. Cet outil, c'est le *papier-social*.

C. R.

LA VRAIE
THÉORIE MONÉTAIRE

CHAPITRE Ier

Définitions et notions générales

> La monnaie ne doit être qu'un certificat, un signe.
>
> Il faut payer les services, l'emploi de l'instrument d'échange, il faut donc qu'il ne soit pas cher.
>
> Une monnaie valeur précieuse est une monnaie aristocratique. — Il faut démocratiser la monnaie.

Nous (1) allons montrer que la monnaie-métal-précieux est une des principales causes du paupérisme et de la misère. Nous allons voir combien le malaise du travailleur résulte de l'emploi d'une monnaie-marchandise, d'un numéraire précieux; à quel point la spéculation sur la valeur intrinsèque de la monnaie est désastreuse; ce que cette valeur-en-soi produit de malaise et de crises; quelle fâcheuse influence elle exerce sur les salaires.

Elle répond de moins en moins au développement du travail, de l'industrie et du commerce modernes.

---

(1) Nous prenons, dans ce petit ouvrage, Échange et Circulation comme synonymes pour désigner l'ensemble des opérations représentées par ces deux mots.

Dans le principe, le commerce se faisait par le troc ou échange en nature d'une marchandise contre une autre. Bientôt la multiplicité des besoins et des produits, les voyages, la disproportion des valeurs, l'indivisibilité de quelques-unes, les difficultés de toutes sortes forcèrent à renoncer à cet échange de denrées contre denrées. Alors parmi toutes les valeurs le choix se fit d'une marchandise précieuse, divisible, commode, d'une valeur reconnue et acceptée partout, qui pût remplacer toutes les autres dans les échanges et servir de *dénominateur commun*. Tel est l'origine de la *monnaie* qui fut donc ainsi une *marchandise* et un *instrument d'échange*. Ce fut d'abord, suivant les temps, les lieux, les besoins, des bestiaux, des produits alimentaires, des coquillages de convention, de l'étain, du cuivre, du fer, du cuir, des fourrures, des parures ; en Amérique et en Afrique, du poivre, du tabac, des peaux de castors; encore maintenant, dans les pays sauvages, des étoffes, de la verroterie, des couteaux, des haches, des clous, des armes; encore enfin, dans quelques villages de montagnes, des œufs ou du blé. Dans tous les temps les métaux surtout furent employés comme monnaie ; puis les métaux précieux, surtout l'or et l'argent, obtinrent la préférence générale à cause de leur valeur reconnue et acceptée universellement, étant de plus brillants, divisibles, solides, peu altérables.

Mais il fallait toujours que la monnaie fût une marchandise comme les valeurs qu'elle représentait. Ce que nous appelons aujourd'hui la Circulation, c'est-à-dire l'échange considérable et rapide des produits, du travail et des valeurs, n'existait pas. Dès qu'elle commença de naître, la monnaie métallique fut insuffisante. Aujourd'hui une quantité très-grande de monnaie de papier circule plus commode et plus transportable que les métaux. Mais ce papier représentatif de la monnaie métallique en a les inconvénients. Il est lui-même par représentation une marchandise ou une valeur, ce qui est le vice de la monnaie actuelle.

Il est temps que des idées nouvelles et plus justes prennent cours sur le véritable rôle de la monnaie. Il n'est plus nécessaire que l'intermédiaire des échanges soit une marchandise, il suffit qu'il soit l'*instrument* de toute la circulation, instrument reconnu et accepté. La monnaie-marchandise est une cause de crises, un empêchement à l'extension du travail et des relations commerciales, un moyen d'oppression de la classe pauvre, un tyran du travail, un obstacle au progrès matériel et moral. Elle va au rebours de la civilisation.

La monnaie, nous dit l'Economie politique, est *signe* et *gage* des valeurs. Nous allons établir, en montrant le véritable rôle de la monnaie, que la première de ces qualités suffit à elle seule et que la seconde est non-seulement inutile, mais nuisible, funeste. On verra les inconvénients de la monnaie métallique à valeur intrinsèque, la nécessité de revenir sur la routine et le passé, de sortir de la doctrine économique pour arriver à la doctrine de l'Economie sociale et de vulgariser en toute hâte cette question d'une importance capitale. Nous montrerons qu'il faut dès à présent créer une monnaie sociale, qu'il est urgent et facile d'établir une monnaie de pure convention et les avantages qui en résulteraient.

Nous savons que souvent l'évidence ne suffit pas pour amener la conviction, surtout dès la première démonstration ; le doute reste lorsque la vérité démontrée vient heurter les préjugés, choquer des notions communes, de vieilles idées reçues sans discussion. Le vrai lui-même a du mal à se faire jour au milieu de l'amas d'idées préconçues que suggèrent l'intérêt égoïste, l'entêtement, et qui meublent notre cerveau. Or rien n'est plus difficile à trouver que ce qui est le plus simple. Souvent encore des notions élémentaires, de vieux principes, des axiômes de sens commun sont méconnus lorsqu'ils sont réunis ; rassemblés, on ne les reconnaît plus et on crie au système. Les sciences ne sont cependant que quelques vérités enfin découvertes ; l'Économie n'est qu'un ensemble de vérités de sens commun et de justice remises à jour, relevées d'un éclat nouveau par le groupement et la coordination. Dans ce cas la règle à suivre est de faire appel à son propre jugement et non au jugement vulgaire qui souvent n'est que routine et préjugé. C'est ce que nous recommandons pour cet ouvrage.

DÉFINITION DE LA MONNAIE MÉTALLIQUE

La Monnaie est une marchandise généralement acceptée dont la valeur intrinsèque, connue et à peu près égale au titre, sert de signe et de gage dans les échanges. (1)

Son influence et quelques-uns de ses inconvénients, au point de vue de la Circulation actuelle, sont suppléés par une *monnaie fiduciaire* ou *monnaie de papier*, signes représentatifs de la monnaie métallique. La monnaie de papier se compose des Billets de Banque (de la Banque de France) ; des valeurs proprement dites : bons du Trésor, billets des banques ayant reçu privilége de l'Etat, effets des banques privées, chèques ou bons sur les ban-

---

(1) Forbonnais la définit une portion de métal à laquelle le prince donne une forme, un nom et une empreinte, pour certifier du poids, du titre et de la valeur dans l'échange qui peut s'en faire avec toutes les choses que les hommes veulent mettre dans le commerce.

quiers, actions, obligations ; de tous les effets et papiers de commerce : traites, mandats, lettres de change, billets à ordre, les warrants ou récépissés des Docks et dépôts de marchandises, les billets de gage ; et même des reconnaissances du Mont-de-Piété, des factures, quittances, reçus, etc. Le Billet de Banque forme la monnaie de papier proprement dite ; il est basé sur un gage (encaisse métallique en réserve) et n'est accepté que parce qu'il est exigible à volonté en monnaie à la Banque.

Les papiers-valeurs ont pour gage une garantie, un dépôt, les bénéfices d'une entreprise. Le papier commercial n'est qu'un contrat, un papier basé sur les transactions.

Il ne faut pas confondre la *monnaie de papier* avec le *papier-monnaie*. La première formule, désignant tout le papier que nous venons d'indiquer, est prise en bonne part ; la seconde a été souvent jusqu'à présent prise en mauvaise signification.

Selon M. J. Garnier, *papier-monnaie* « a pour synonyme assignat, il indique dépréciation et s'applique à des signes émis par des États dans la gêne et dont l'émission est faite hors de proportion avec les besoins de la Circulation. » L'affirmation de M. Garnier est fausse par exagération.

Nous montrerons que l'on peut établir un papier-monnaie qui ne soit pas susceptible de dépréciation réelle, qui ne soit pas émis par l'État et dont l'émission soit en proportion avec les besoins de la Circulation.

En analysant le papier de Law et des assignats nous verrons que, quoique mauvais, ce papier-monnaie était doué de vitalité ; il eut la vie dure, supporta des coups redoublés et ne fut tué qu'à grand'peine par un concours de manœuvres et de circonstances tout-à-fait extraordinaires et désastreuses. — Cette étude nous permettra peut-être de trouver un papier-monnaie avantageux et irréprochable, de trouver la solution du problème au point de vue social, nous montrera peut-être la monnaie de l'avenir n'ayant pas les fâcheux inconvénients de la monnaie actuelle.

Les vices principaux de la monnaie sont : 1° d'être une marchandise se prêtant comme les autres, et même plus que les autres, à toutes les spéculations possibles. 2° D'avoir une valeur intrinsèque qui permet de la garder inactive en caisse, et cette réserve au lieu de perdre de sa valeur peut au contraire en acquérir une plus grande si l'argent devient rare. Alors le prix de cette denrée augmente ainsi que celui des autres marchandises et le pauvre qui n'en a pas en réserve, qui n'a que peu pour se procurer sa subsistance souffre de la cherté croissante des vivres. La rareté de l'argent produit une crise, le travail se ralentit ou s'arrête et l'ouvrier souffre encore. 3° De ne se proportionner nullement à la quantité des produits, de ne pas répondre aux besoins réels des transactions, de se retirer au contraire alors qu'une panique le rend plus nécessaire. 4° D'être ainsi la cause de la plupart des crises ou de leur intensité. 5° Enfin nous établirons qu'il doit cesser d'être un gage pour n'être que l'instrument des échanges. Il faut que l'agent monétaire soit non pas une marchandise-monnaie, mais seulement un instrument-monnaie.

Nous ne faisons qu'indiquer ici ces griefs principaux contre la monnaie métallique et son représentant, la monnaie de papier. Nous les développerons au chapitre III.

La monnaie de papier, représentant le métal précieux, participe donc de sa nature dans une certaine mesure de ses défauts et en retient une partie : elle peut s'accaparer, se raréfier et même se resserrer comme le métal ; elle se prête aux spéculations comme la marchandise et la valeur qu'elle représente ; elle repose également sur un gage ; en temps de crise non-seulement elle ne se proportionne pas à la demande de monnaie, mais elle s'efface plus ou moins complètement, et les papiers qui reposent sur des valeurs subissent la dépréciation de la baisse. Quant au Billet de Banque (de la Banque de France), il ne lui manque, pour se rapprocher presque complètement de notre type, que d'être un papier-monnaie perfectionné, d'avoir cours forcé (le maintenir), de ne pas reposer sur un gage proprement dit, d'émaner d'une banque nationale au lieu d'émaner d'une banque particulière privilégiée, de ne dépendre en rien de l'Etat, enfin d'avoir une émission variable réglée sur les véritables besoins de la Circulation, le garantissant par conséquent d'une dépréciation réelle qui pourrait survenir.

De ce que, par son roulement, le commerce appelle la monnaie, il est résulté une confusion malheureuse de l'argent avec le Capital, avec la Richesse, les produits. De là aussi une conception fausse du rôle particulier de la monnaie, qui jusqu'à présent a été le métal précieux.

L'argent n'est qu'une faible partie du Capital et de la Richesse, bien qu'il serve spécialement à les représenter dans la circulation.

La Richesse est l'abondance des choses utiles et non l'argent. Preuve : le pays serait moitié plus riche s'il y avait moitié plus de choses utiles, et cependant leur prix baisserait ; au contraire s'il y avait moitié plus d'argent et pas plus de denrées les prix augmenteraient de moitié et le pays ne serait pas plus riche. Les mines d'or enrichissent le mineur en particulier, mais au point de vue général il n'y a pas plus de richesses ; il y a seulement hausse des prix, déplacement du métal et de la fortune : or le renchérissement des produits est un malheur pour ceux qui sont très-pauvres et sans travail. Avec une mine, pour qu'il y ait accroissement réel de richesse, il faudrait qu'il y ait accroissement correspondant des choses utiles. Autrement ce sera l'histoire des jetons de Bastiat dans le pamphlet *Maudit Argent* : les joueurs ont dix jetons représentant 10 fr. chacun. Les jetons ici sont la monnaie et l'argent est, dans cet exemple, la chose utile qu'il s'agit d'acquérir. Chaque joueur remarquant qu'à la fin de la partie plus il a de jetons plus il a gagné, on convient de porter à vingt le nombre des jetons, mais on omet d'augmenter la somme de 10 fr. (la chose utile) correspondante de chacun. A la fin de la partie les joueurs ont plus de jetons, mais n'ont pas plus gagné pour cela. Chaque jeton ne vaut plus que 5 fr. au lieu de 10 qu'il valait.

La richesse pour un Etat, il faut le répéter sans cesse pour détruire l'illusion, ne consiste pas dans l'or et l'argent, mais dans la quantité de valeurs consommables, reproductives et échangeables. Un pays pauvre en monnaie, mais dans l'abondance de ces choses utiles, serait une contrée riche et heureuse ; l'argent qui manque pourra être suppléé par des certificats d'échange, des valeurs en papier et la circulation se fera aussi bien. La monnaie ne doit être qu'un signe ; si elle est une richesse pour les particuliers, c'est parce qu'elle représente un acquis, un avoir, une propriété résultant d'un travail passé et pouvant s'échanger contre le produit présentement nécessaire. Mais le pays, lui, ne vit pas de ses rentes ; il vit de son travail présent, de sa production et reproduction incessantes, de son capital fixe qui reproduit et de son capital circulant dont la monnaie n'est qu'une faible partie. Et cette monnaie peut être tout autre chose qu'un métal que des écritures, des conventions, un bon papier de banque, etc., peuvent remplacer avantageusement.

La monnaie est du capital, de la richesse, mais n'est pas, à elle seule, la Richesse et le Capital, qui comprennent la nourriture, le vêtement, un abri, un clou, un livre, l'intelligence, le savoir, etc., en un mot toutes les choses nécessaires, utiles ou agréables. La France est riche en produits de toutes espèces et en numéraire, et cependant elle a peu de mines de métaux précieux. Si l'or était seul la richesse, seul le capital, il n'y aurait pas de progrès matériel, il n'y aurait que changement de mains : le profit de l'un serait le dommage de l'autre, d'après Montaigne, ou, comme dit Bacon, ce que l'un gagne l'autre le perd. Préjugés devenus populaires, tristes maximes qui condamneraient l'humanité à tourner toujours dans le même cercle. Heureusement cela n'est pas exact : en général et à regarder au fond des choses, il y a en grand dans la société harmonie et non antipathie des intérêts entre eux. Le travail tire des richesses de la nature, fonds commun et inépuisable ; chacun produit, transforme et échange en trouvant son utilité, par conséquent avec profit. Le travail se divise, chacun produit ce qui lui est le plus avantageux et l'échange sans perte de temps ni déplacement par les intermédiaires; peuples et gens sont solidaires ; le mal de l'un rejaillit sur l'autre, la prospérité d'un peuple aide à celle du peuple voisin.

Le Capital d'une nation ne se compose pas seulement de ce que les riches possèdent, richesse matérielle et présente, il se compose aussi de ce que les pauvres valent, richesse morale et future; et c'est l'échange continu de ces deux genres de richesse l'un contre l'autre qui constitue la vie industrielle des sociétés modernes. Si l'instrument de cet échange, la monnaie, an lieu d'avoir un prix de convention, a un prix intrinsèque et matériel, s'il fait partie des choses que le riche possède, il est clair que l'équilibre est rompu au détriment du pauvre.

La monnaie métallique étant une marchandise précieuse est par conséquent défavorable, peu accessible au pauvre, et il en obtient peu par son travail. « S'il n'est rien, dit M. J. Garnier, *Traité d'Economie politique* (1), dont on se plaigne plus que de la rareté du numéraire, cela tient à ce que le numéraire est toujours rare pour ceux qui ne peuvent l'acheter ni l'emprunter, et le nombre en est grand.» Il ajoute que la Circulation est en léthargie partout où le numéraire devient rare ; mais réciproquement il est rare partout où la Circulation se ralentit par une cause quelconque.

Il faut donc diminuer la cherté du numéraire en lui enlevant sa valeur comme marchandise. Il faut une monnaie à bon marché.

Et nous ne parlons pas de l'extraction et des manipulations coûteuses de la monnaie de métal.

La monnaie tend à suivre les produits : il faut donc qu'elle soit en rapport de quantité avec eux et aussi avec la production morale.

Personne n'a envisagé la monnaie et le papier uniquement comme instrument d'Echange suivant pas à pas les besoins de la Circulation, s'y proportionnant et par là-même *variable dans une certaine mesure très-restreinte, parfaitement connue et prévue.* C'est ce que nous voulons faire (chapitres III et IV). Proudhon lui-même ne l'a pas envisagée ainsi, il donne à son papier de banque un gage matériel, solide.

Il nous faut un *papier d'Echange* représentant tous les capitaux, produits, services, travail présent

(1) Page 419.

ou passé ; *se moulant* sur la Circulation, sur tous les besoins de la production, du travail et des échanges, ne se dépréciant pas, ne reposant sur aucun gage proprement dit, circulant en vertu d'une confiance raisonnée, reposant sur la notion vraie du rôle du numéraire et ayant cours forcé sauf dans les relations avec l'étranger.

Nous pourrions le désigner du nom de monnaie fiduciaire, de *fiducia* (confiance), mais ce nom est déjà appliqué à la monnaie de papier ; du reste cette appellation ne serait pas tout-à-fait juste en ce sens que notre papier n'est pas basé exclusivement sur une convention, sur la confiance, mais bien sur la valeur du travail et des services (ce qui comprend les produits et capitaux) qu'il représente. C'est là son véritable gage, gage non matériel mais tout-à-fait réel.

Nous nous garderons bien de l'appeler papier d'Etat, afin de bien indiquer qu'il ne relève pas du gouvernement, mais d'un Conseil monétaire chargé de suivre d'un œil vigilant les besoins du travail et de la Circulation, de suivre pas à pas l'échelle de variation qui en résulte, d'étudier la marche de la valeur, de surveiller et diriger l'émission ou le retrait du papier et d'en assurer la publicité, enfin chargé de tout le contrôle et des mesures pour observer et régler la légère variation d'émission qui, avec la publicité, empêchera la dépréciation.

Nous le nommerons *papier-social* pour ne pas l'appeler *papier-monnaie* à cause des préjugés qui sont attachés à cette dénomination et des idées fausses qu'elle réveille, comme M. J. Garnier nous l'a fait voir. Toutefois, pour le cas où le nom de papier-monnaie prévaudrait, nous protestons contre l'idée d'émission par le gouvernement, de dépréciation et d'émission arbitraire, illimitée, secrète, anormale en un mot.

DÉFINITION DE LA MONNAIE SOCIALE

La Monnaie sociale est le *signe représentatif des valeurs* (capitaux, produits, services, travail présent ou passé), papier sans valeur intrinsèque, mais d'une valeur conventionnelle connue, et accepté comme *instrument des échanges*. — Sa valeur n'est ni arbitraire, ni fixée par le gouvernement : elle résulte de la *notoriété* publique et est déterminée par les *besoins de la Circulation*. — Son cours est forcé dans les pays de Convention monétaire.

Avant d'entrer dans la démonstration, de discuter la monnaie existante et l'établissement de la Monnaie sociale, nous allons passer en revue, très-sommairement, le papier-monnaie de Law, des assignats et du papier d'Etat, tant pour nous aider à découvrir la vérité sur le rôle de la monnaie que pour établir la différence radicale qui existe entre la monnaie de ces systèmes et le *Papier-social*.

CHAPITRE IIe

I

Louis XIV avait laissé une dette totale de 2 milliards 400 millions à son successeur. A l'arrivée de Law les financiers étaient à bout d'expédients, ils en étaient réduits à proposer la banqueroute.

Dans cette extrémité, le Régent connut la brillante réputation du gentilhomme Écossais, déjà célèbre par ses voyages, ses aventures, son duel en Angleterre, son faste, son jeu, ses belles manières, ses études, ses capacités extraordinaires en matière de finances, ses plans, ses projets grandioses, etc.

Il entra en relations avec Law et goûta ses idées.

Law avait voulu mettre ses capacités au service de son pays et avait proposé au parlement d'Écosse un projet de banque qu'il publia, en demandant que, si on l'acceptait pour fonder cette banque, « les livres fussent soumis à l'inspection d'un comité et que l'État de la banque fût rendu public par la voix de l'impression (1). »

N'ayant pas été agréé, il alla faire ses offres de services auprès des Cours dans plusieurs pays. Mais partout il échoua : la nouveauté de ses idées, la hardiesse de ses plans effrayait ces puissances.

____

(1) *Considérations sur le Numéraire et le Commerce.*

C'est lui en effet qui est le véritable fondateur des banques modernes. — La Banque de France, les banques d'émission sont des banques de Law à émission modérée.

A cette époque il était si éloigné de croire qu'on pût abuser de la faculté d'émettre du papier de banque, qu'il disait que pas un gouvernement ne serait assez fou pour tuer ainsi à plaisir son crédit, sa richesse. Et cependant c'est ainsi qu'on fit tomber sa banque.

Law pensait que le crédit dans de bonnes conditions peut décupler la valeur du capital.

L'usage de la richesse dépend du commerce et le commerce dépend de la monnaie. Celle-ci provoque d'une manière indirecte des travaux qui sans elle n'auraient pas lieu. Law en concluait qu'il fallait tendre à l'augmenter dans une juste mesure, petit à petit, jusqu'à ce qu'il n'y eût plus de bras inoccupés. De là la question de la quantité de monnaie : « il convient, disait-il, que cette quantité soit toujours approximativement égalée à la demande. »

Il trouvait avec raison que le numéraire n'était pas en rapport avec la Circulation, avec le travail, la production ; mais bientôt il tombait dans l'exagération, disant dans le sens absolu : « Une augmentation de numéraire ajoute à la valeur du pays (1). » Voyant les pays de production circulative riches et abondant en argent, parce que le commerce attire la monnaie, il prenait l'effet pour la cause et donnait pour preuve la richesse des peuples qui ont beaucoup de numéraire, ce qui est une erreur manifeste résultant de cette confusion dont nous avons parlé de la monnaie avec la Richesse. On a vu l'Espagne être pauvre et misérable, le peuple très-malheu-

____

(1) *Considérations sur le Numéraire.*

reux, quoique ce pays regorgeât de l'or des mines du Pérou.

Le numéraire est insuffisant lorsque les produits existants ne peuvent circuler par le manque de la monnaie, ou aussi lorsque le travail n'est pas arrivé à sa plus grande extension relative.

Et cependant Law faisait la différence entre la Monnaie, agent de circulation, et la Richesse, valeurs en circulation, valeurs consommables, ensemble des capitaux de production et de consommation.

« La monnaie, dit Law, n'est pas la valeur *pour* laquelle les marchandises sont échangées, mais la valeur *par* laquelle elles sont échangées. »

S'exagérant la force d'extension du crédit, il voulait attirer à l'Etat tout l'argent du royaume et mettre, en échange, en circulation une valeur décuple de Billets de Banque. Seconde erreur qui faisait de la monnaie l'instrument du Crédit tandis qu'elle n'est que l'instrument des échanges ; elle peut se régler sur l'Echange, mais ne peut suivre le Crédit.

Law disait que la cherté de l'argent était un indice de misère pour les Etats. Il était révolté de l'oppression exercée par les possesseurs de richesses inactives, mortes, sur le peuple qui est la richesse vivante. Law était un socialiste de génie en avance de 200 ans sur son époque. L'affranchissement du peuple fut toujours son but, le Crédit était son moyen.

Son rêve était la transformation de l'Etat en une immense société de Crédit et de production agricole, industrielle et commerciale, faisant les affaires de l'Etat et même celles des particuliers; chargée de la recette des revenus publics ; payant les dettes de l'Etat et liquidant celles des particuliers; substituant le Crédit aux impôts et aux emprunts, tenant en main la fabrication des monnaies ; dominant la

Circulation ; escomptant les effets des particuliers ; compensant les dettes avec les créances ; prêtant ses capitaux ; faisant les virements entre les localités et les personnes ; créant pour son compte le commerce d'outre-mer, etc., etc.

C'était faire du socialisme gouvernemental, ce qui mènerait au communisme absolu. — **Law** croyait en effet que c'est à l'Etat à donner le crédit aux emprunteurs au lieu de le recevoir d'eux : autre erreur. Le Crédit ne se décrète pas, il est volontaire et réciproque, il ne naît que de la confiance.

Law fonda d'abord une banque privée ayant pour capital 1 million 600,000 fr. qu'il fit venir d'Italie (où il s'était fixé), sur sa fortune particulière. Il donna à ses billets un double caractère : ils portaient intérêt et avaient ainsi une prime sur la monnaie ordinaire ; ils étaient remboursables à présentation et prenaient par conséquent la forme de billets de banque. Ces deux avantages les firent rechercher avec empressement. Il eut un succès complet. Le Régent déclara sa banque banque royale et ordonna le cours de ses billets dans les caisses publiques. La banque prit sur son compte les effets royaux antérieurs à Law, dettes léguées par le gouvernement précédent.

Les billets de la banque de Law devinrent donc billets d'Etat ; ils étaient endossables.

Puis Law fonda une société par actions à endossement pour la colonisation de la Louisiane, riche contrée récemment découverte par deux voyageurs français Cavellier de Lassalle et d'Yberville. Il voulait fonder là une riche colonie française. Cette société s'appela *Compagnie des Indes occidentales* ou *Compagnie française d'Occident*. Elle fut établie dans des proportions colossales hors de raison. La confiance existait ; Law commit la faute d'aller trop vite, il le reconnut lui-même plus tard. La vogue et l'engouement furent immenses; on connaît l'histoire du savetier qui gagnait deux cents livres par jour à louer son échoppe transformée en bureau et munie d'une table, d'une écritoire et d'un tabouret.

La banque existait à côté et donnait son papier pour de l'argent.

Les espérances étaient grandes, la spéculation des *mississipiens* sur les actions fut inconcevable, l'agiotage s'en mêla, il se fit en un clin-d'œil des fortunes immenses. L'on abusa outre mesure de la faculté de créer des actions de la Compagnie et des billets de la banque. En forçant son système, Law fut contraint de supprimer le remboursement en espèces, la dépréciation s'en suivit et la catastrophe approcha; elle devait causer des ruines.

Cependant les rives du Mississipi forment un pays immense extrêmement riche ; la *Compagnie d'Occident* ou *Compagnie des Indes* excita la jalousie de l'Angleterre qui voyait que la France allait se relever, que sa marine et son commerce allaient lui faire une terrible concurrence. Elle lutta à force d'intrigues et le cardinal Dubois lui vendit les intérêts de la France.

L'Angleterre, pour ébranler la banque, fit redemander tout d'un coup un fonds de plusieurs millions qui y était engagé. La banque supporta le coup; mais les intrigues réitérées forcèrent Law à des altérations de monnaie. Ce fut désastreux.

Law avait à lutter de plus en plus contre ses ennemis ligués pour sa perte. D'Argenson, ministre de la justice et des finances, fit faire une refonte de la monnaie pour tuer le papier de Law. Cette cabale échoua, d'autres plus terribles la suivirent. D'Argenson et tous ceux qui étaient les adversaires de Law soutenaient l'*anti-système* des quatre frères Pâris, établi dans le but de ruiner la banque et la Compagnie. La lutte contre Law était acharnée.

Mais ce qui fut le plus funeste au système (1), ce fut la protection de la Cour.

En décrétant banque royale la banque de Law, le Régent refusa tout contrôle. Il trouvait là une mine où il pouvait puiser à pleines mains. En vain Law voulait qu'une commission nommée par le Parlement, la Chambre des Comptes, la Cour des Aides et la Cour des Monnaies surveillât la banque ; le Régent ne voulut pas. Law dut en passer par là et ce ne fut pas tout.

Tant que la banque avait été sienne, Law avait voulu que le billet fût invariable, mais la banque devenant publique et de plus exposée aux dilapidations, il voulait la variabilité afin que le papier subît les fluctuations de la valeur, afin que l'émission du papier pût être arrêtée par la dépréciation. Mais un arrêt du roi rétablit l'invariabilité de la valeur du billet comme monnaie. Law fut forcé de s'incliner. Il en résulta que l'abus amena la dépréciation, comme Law l'avait prévu : la valeur réelle et la valeur nominale ne furent plus en harmonie et la marche descendante fut continue.

Ces deux mesures permettaient à la Cour de tripoter à son aise dans la banque et d'agioter à

(1) Pour l'histoire détaillée du système de Law et de ses opérations nous ne recommanderons pas l'histoire de M. Thiers, qui pèche au point de vue philosophique. M. Thiers n'a pas du tout compris Law dans son côté social. Il omet de montrer les véritables causes de la chute du système : il efface complètement le rôle du Régent, de Dubois, de la Cour et de l'Angleterre ; d'Argenson seul est en action. Il voit que toutes les mesures prises sont bien de Law parce qu'elles portent le cachet de son habileté habituelle ; or ce n'est pas une raison ; forcé de céder au Régent et dominé par les intrigues de la Cour, Law faisait pour le mieux, mais ne faisait pas ce qu'il voulait, il lui fallait s'en tirer quand même, réussir à tout prix : il ne le put.

plaisir. On put se livrer à tous les excès, mais on tua l'œuvre.

Fondé par un homme de génie, le système pouvait rétablir les finances de la royauté, alléger la misère, reculer au loin la Révolution ; mais, emportés par la débauche et la folie, le Régent, les courtisans et Louis XV sacrifièrent, sans broncher, l'avenir aux ivresses du présent: « Après nous la fin du monde ! » pensait-on déjà. Ces dilapidations furent telles que M. Louis Blanc a pu croire que Calonne, désespérant de s'en tirer, poussait systématiquement à la faillite pour faire sortir la royauté triomphante sur un monceau de ruines.

Law, pour la faiblesse qu'il montra vis-à-vis des rapacités de la Cour, endossa sur le moment dans l'opinion une réputation d'avidité qui n'était pas son fait et dont on revint plus tard. Il mérite au contraire une réputation de désintéressement dans ses actes, de générosité et de grandeur dans ses vues pratiques. Ses idées pour l'avenir de la société en général et du peuple en particulier sont au-dessus de toute admiration.

Enfin il ne faut pas oublier que l'immense dette flottante que la France avait à cette époque fut payée, et ce ne fut pas là un mince service rendu au pays. Les dettes de Louis XIV furent payées, les rentes remboursées, les impôts diminués et les manufactures encouragées.

L'Angleterre était inquiète de voir le Crédit relever le commerce de la France, qui jusque-là avait marché d'échecs en échecs. Dubois était ambitieux presque autant qu'il était corrompu, il avait d'abord reçu des bienfaits de Law, mais celui-ci ne lui faisant plus de largesses, il le trahit et d'autant mieux que Law ne se défiait pas de lui.

Si la bourgeoisie française ne rivalisa pas avec la bourgeoisie anglaise, si la *Compagnie française des Indes* ne lutta pas contre la célèbre *Compagnie anglaise des Indes*, la faute en fut à Dubois et au Régent. Celui-ci ne voulut pas contrecarrer cette puissance qu'il courtisait afin qu'elle l'aidât, si le roi venait à mourir, à se faire roi de France en forçant Philippe v à rester roi d'Espagne.

Jalouse pour ses intérêts, l'Angleterre comprenait bien son affaire; Law fut son plus grand ennemi, et elle n'eut de repos que lorsque ces deux hommes eurent détruit l'œuvre, ruiné le système et l'idée.

Sans les abus, les dilapidations, les intrigues à l'intérieur et la haine de l'Angleterre, les billets de la banque de Law eussent sauvé les finances de l'Etat ; le système eût réussi et acquis à la France une colonie superbe, « s'il n'avait pas été traversé par les ministres de la Quadruple-Alliance, en France, en Angleterre, Allemagne et Hollande, qui, ayant senti que Law était ennemi de leur système politique, s'unirent pour ruiner son système de finances (1). » La réaction d'alors — le clergé et la Cour — se mit au service de l'étranger en poussant à une émission exagérée.

La banque d'Etat de Law, dit Saint-Simon, pouvait être bonne dans une république ou dans un pays où les finances sont gouvernées seulement par ceux qui les fournissent.

Le même dit encore dans ses *Mémoires :* « ce qui hâta — mettons produisit — la culbute de la banque et du système fut l'inconcevable prodigalité du duc d'Orléans, qui, sans bornes et, plus s'il se peut, sans choix, donnait à toutes mains, » se faisant ainsi des créatures pour l'éventualité de la succession au trône. C'étaient des dons de 600,000 fr.,

(1) *Histoire du système de Law*, par A. Cochut.

des sacs de bonbons renfermant des billets ou des actions, des pralines enveloppées dans des billets de 1.000 livres offertes aux dames, des rentes à des enfants au berceau, à des nourrices. « Enfin tant fut donné, que le papier manqua et que les moulins n'en purent assez fournir. »

De plus le Régent avait fait émettre en fraude une quantité de billets. Il y eut plus de 50 millions de contrefaçon de billets de Law.

L'émission de la banque royale, fixée d'abord à 100 millions, puis à 1 milliard allait maintenant à près de 3 milliards.

Malgré tout cela la banque avait la vie dure ; c'est sur quoi Law, sûr de lui, comptait bien, mais les pilleries furent si grandes qu'il finit par succomber.

Dubois et d'Argenson continuaient leur guerre sourde au système, faisaient tout pour tuer son crédit et paralysaient les bonnes mesures tendant à faire cesser la dilapidation, à limiter l'émission et à arrêter la spéculation sur les billets, qui, eux, avaient la garantie de la confiance publique, de l'Etat et le cours forcé.

D'autres pendant ce temps allaient convertir ces flots de papier en monnaie et en rapportaient des voitures, comme le prince de Conti. D'autres s'étudiaient à ruiner le crédit du papier. Law était obligé de riposter par l'altération des monnaies et par des mesures vexatoires, odieuses même, qui restèrent sans effet et ameutèrent l'opinion contre lui.

La Cour qui avait spéculé sur les actions, fit rendre à leur profit un édit qui tuait les billets de banque. Law voulut résister, il lui fallut céder. Alors que l'agiotage et la dépréciation forçaient à sacrifier les actions de la Compagnie pour sauver la banque, l'édit assimila les actions et les billets et ils furent tués tous deux. Il fixait la valeur de l'action en billet et la banque devait l'accepter à un taux déterminé, de sorte que les actions étaient converties en billets de la banque d'Etat, seulement elles perdaient leur droit à l'intérêt. La banque était ruinée ; Dubois n'eut plus de peine à renverser le système.

Pour gagner sa pension de l'Angleterre, pour achever la chute de Law qui tenait encore, qui, par ses faiblesses inconcevables et ses concessions, espérait encore tout sauver, Dubois publia la situation vraie du papier et de la banque, et la réduction à moitié valeur des actions et des billets. C'était le dernier coup, ce fut fini.

Quand on démonétisa le papier de Law, après avoir brûlé les billets rentrés, on convertit par arrêté ce qui restait dans la circulation en rente 2 % au lieu de 4 %. Il faut rappeler qu'avant Law les finances étaient si mal réglées que, à ce point de vue, cette conversion de rente 4 % en 2 % ne fut pas une perte réelle de moitié comme il paraît ; auparavant en effet l'Etat payait si mal ses rentes que, si on était forcé de vendre pour réaliser, elles ne se vendaient qu'à moitié prix, 50 %. Law avait établi la régularité dans les paiements de l'Etat et les créanciers furent servis avec ponctualité.

Law eut le tort de ne pas avoir été jusqu'au bout de sa théorie. Il fit trop ou trop peu. Il ne croyait pas à la possibilité de se passer de gage, ou n'osa pas aller jusque-là.

Ce ne fut pas un aventurier mais un homme de génie, dit M. Levasseur, quoique la réaction et la chute plus récente des assignats aient fini par le faire considérer comme tel.

« Le système de Law est l'œuvre économique la plus remarquable qui eût paru jusqu'alors, et son auteur, par la nouveauté de ses vues et par la hardiesse de ses conceptions, s'est placé au premier rang des réformateurs (1). »

Avant lui il y avait des banques, mais elles étaient encore dans l'enfance, et surtout en France. C'est lui qui révéla la puissance du Crédit.

Law, puis Necker, furent deux socialistes profonds. Le premier voulait remplacer l'usure par l'association et l'intérêt par le partage des profits.

Il voulait aussi que la banque d'Etat fît des avances au pauvre sur son honorabilité reconnue, c'est l'idée de la *Banque du Peuple*.

Quand Law fonda sa banque, il avait de très-grandes richesses, pas de dettes et beaucoup de crédit; quand il quitta la France, il n'avait plus rien que l'estime de quelques rares intelligences. Pour soutenir son idée il avait placé une partie de sa fortune en terres, en France, tandis qu'une autre partie était dans la banque ; ses biens furent confisqués, il fut ruiné. Sa femme fut réduite à chercher asile dans une auberge. Son frère fut mis en prison après confiscation de ses biens et vente de ses meubles.

Le Régent laissait faire tout cela, quoiqu'à regret. Il le fit accompagner par des gardes à partir de Quesbrin voulant « faire voir, par une attention si particulière, que bien loin d'approuver l'indigne procédé des ennemis du sieur Law, il était au contraire sensible à l'attachement que celui-ci avait toujours montré pour son service, dès le commencement de son système. » « Il sortit du royaume plus malheureux que coupable (2). »

(1) *Recherches historiques sur le système de Law*, par E. Levasseur
(2) *Histoire du système des Finances sous la minorité de Louis XV*. La Haye, 1739, anonyme. — L'auteur, Duhautchamp, est naïf, indulgent pour le Régent, dont il explique les dilapidations par l'acquittement de la dette de l'Etat, ce qui n'était que le prétexte. Il ne sait pas faire sentir la grandeur de l'œuvre.

« Témoin de l'avortement de son entreprise, délaissé de son égoïste protecteur, menacé par le prochain retour du parlement, découragé, Law avait obtenu un passe-port en décembre 1720. Comme il avait placé en France toute sa fortune et qu'on la confisca, il sortit pauvre de ce royaume où il était entré riche, et où il avait eu à manier d'immenses trésors. Il en sortit dans une voiture d'emprunt, n'ayant que huit cents louis, et laissant derrière lui, pour le déchirer, la foule partout si nombreuse des lâches et des ingrats. A Bruxelles, où il s'était d'abord rendu, un envoyé du czar Pierre vint le presser d'aller prendre la direction des finances de l'empire russe. Mais l'injustice de ses ennemis avait glacé son courage et flétri à jamais son cœur. Après avoir erré quelque temps à travers l'Europe, il se retira à Venise. Il y reçut la visite de Montesquieu, qui fut frappé de l'audace des projets que se plaisait à enfanter encore cet indomptable esprit.

« ..... Il mourut dans l'abandon, presque dans la misère : il laissait pour héritage une mémoire calomniée (1). »

La France, qui le laissa mourir pauvre, lui aurait montré de la reconnaissance si la catastrophe avait été moins récente. En effet un revirement ne tarda pas à se faire dans le peuple, qui, la colère passée, appréciait plus juste. L'opinion le redemandait et déjà le bruit courait qu'il allait revenir pour rétablir les finances. En effet le régent, qui, maintenant comprenait mieux son intérêt, avait l'intention de le rappeler quand la mort le surprit.

Qui connaît bien cette histoire de Law ? Peu de monde, et cependant on parle de lui comme d'un des plus mauvais génies de la France, comme d'un

---

(1) Louis Blanc, *Histoire de la Révolution*, t. I, p. 327.

habile fripon, lui honnête et désintéressé, qui se ruina pour rendre service aux hommes.

Il fut victime de « contes frivoles que des esprits malins et prévenus ont répandu sans doute à dessein de flétrir leur mémoire (celle du Régent et celle de Law). Ce qui fait mon étonnement c'est de voir les trois-quarts des Français tout aussi prévenus (1). »

La plus grande peut-être des bévues de l'histoire ou, pour être plus vrai, des erreurs populaires, c'est l'idée que l'on s'est faite de Law. On ignore que son système était bon et que c'est le Régent qui l'a tué à coups redoublés.

La réaction, qui le redouterait encore s'il était mieux connu, lui fit cette belle réputation et les économistes, incapables de le comprendre, s'en firent l'écho. M. Louis Blanc, qui l'a si bien apprécié dans son *Histoire de la Révolution*, et qui est du reste son disciple à plus d'un égard, a seul rendu à son génie un hommage complet. Seul il a tenté de le réhabiliter ; malheureusement son ouvrage ne peut être lu par tout le monde à cause de son étendue ; — regrettons en passant que l'auteur n'en ait pas fait une édition populaire et classique en deux volumes pour l'ouvrier et pour les écoles.

Les adversaires mêmes de Law hésitent à le condamner, et des hommes sérieux se sont souvent demandé si, malgré la catastrophe, il n'a pas fait par la suite à la France plus de bien que la chute de son système ne lui fit de mal sur le moment.

Selon nous les ruines sont imputables à la Cour, à la réaction, à l'Angleterre, et à lui revient l'honneur des services rendus et de la révolution faite dans les idées financières et sociales.

Sa banque, dit Adolphe Blanqui, fit reparaître

(1) *Histoire des Finances sous la Minorité de Louis XV*, ci-dessus citée

le crédit de toutes parts, l'usure cessait d'exercer ses ravages, la confiance gagnait même les étrangers.

M. Blanqui, *Histoire de l'Economie politique*, chapitre XXXI, dit encore :

« La conception de Law nous semble admirable sous plusieurs rapports. Le crédit public était substitué au crédit privé; l'intérêt de l'argent tombait au taux le plus bas, et par là disparaissait la cause la plus efficace de l'inégalité des conditions. » — « Si Law eût été libre dans ses opérations, il aurait contenu ses émissions de billets et d'actions dans les proportions indiquées par les besoins de la circulation et par les revenus probables de la Compagnie des Indes. » — « Law n'en conserva pas moins l'honneur d'avoir créé en France les premières valeurs industrielles. » — « La propriété foncière sortit pour la première fois de l'état de torpeur où l'avait si longtemps maintenue le système féodal. Ce fut un véritable réveil pour l'agriculture. La terre passait du régime de la main-morte à celui de la circulation. Les nouveaux propriétaires, presque tous sortis des rangs des travailleurs, cultivèrent la terre avec toute l'ardeur de leurs habitudes et avec la facilité que leur en donnait l'abondance des capitaux. Aussi l'orage qui venait de la bouleverser semblait-il n'avoir fait que la rafraîchir et dès lors commença pour elle une ère nouvelle. »

Selon Dutot (1) « l'abondance se répandit bientôt dans les villes et dans les campagnes, elle alla y tirer les uns et les autres de l'oppression des dettes que l'indigence avait fait contracter ; elle réveilla l'industrie, elle rendit la valeur à tous les biens-fonds, qui avait été suspendue par ces dettes; elle mit le roi en état de libérer et de remettre à

____

(1) *Réflexions politiques sur les finances et sur le commerce de la France*, tome Ier.

ses sujets plus de 52 millions d'impositions des années antérieures à 1716 et pour plus de 35 millions de droits éteints pendant la régence ; elle fit baisser l'intérêt des rentes, elle écrasa l'usure, elle porta les terres au denier 80 et 100, elle fit élever des édifices dans les villes et dans les campagnes, réparer les anciens qui tombaient en ruine, défricher les terres, donner des valeurs à des matériaux tirés de la terre, qui n'en avaient point auparavant, elle rappela nos citoyens que la misère avait forcés d'aller ailleurs chercher à vivre..... »

S'il y a un peu d'exagération sur un ou deux points, en revanche l'énumération est bien incomplète.

Un écrivain, M. A. Cochut (1), qui lui refuse le génie et le présente comme un *faiseur* habile, va malgré lui nous le montrer comme un réformateur et un philanthrope :

Il fut fait remise par Law de 180 millions de taxes arriérées aux contribuables nécessiteux. — 2 millions furent consacrés à libérer des prisonniers pour dettes. — Une somme fut employée au rapatriement de Français émigrés par suite de misère et de persécutions. — Au dire de Vauban, *Dîme royale,* un dixième de la population française mendiait effectivement. Law voulait éteindre le paupérisme en fondant des colonies pour les valides et des hospices pour les infirmes. — Il voulait établir l'impôt sur le revenu. — Il battit en brèche la vénalité des charges. — Des travaux publics nombreux et intelligents furent exécutés. — Il donna une grande impulsion à l'industrie et la fit progresser. — A lui revient la première idée de Paris port de mer (page 212). — L'impulsion fut donnée à la navigation commerciale. — L'agriculture fut stimulée. — L'usure cessa, etc., etc. —

---

(1) *Histoire du système de Law.* Bibliothèque des chemins de fer.

Mais ce qui enleva surtout l'enthousiasme du pays pour lui, ce fut d'avoir voulu établir l'instruction gratuite dans l'Université de Paris, idée que goûta particulièrement la population parisienne, qui appréciait bien l'importance de ce service.

— Où en sommes-nous donc encore aujourd'hui ? Brillons-nous à côté de cet homme aux vastes idées, à côté du génie qui rêvait de pareilles choses et y travaillait il y a plus de deux cents ans ? Il est encore notre maître et le restera tant que la *Question sociale* ne sera pas en voie de solution.

« La conception de Law atteste chez son auteur, outre un génie puissant et inventif, la perception distincte des trois sources les plus fécondes et jusque-là les plus ignorées de la grandeur des nations : le commerce maritime, le Crédit et l'esprit d'association (1). »

« N'oubliez pas, disait au Régent Law exilé de France après sa chute, que l'introduction du Crédit a plus apporté de changements entre les puissances de l'Europe que la découverte des Indes. »

II

Ce fut la banqueroute, devenue impossible à éviter, et l'extrême misère qui déterminèrent la Révolution. L'Etat succombait sous le poids des dettes; les finances de la France étaient tombées dans la situation la plus déplorable par la folie, les débauches, les exactions, le brigandage, les crimes et la sottise de la royauté. Après le Roi-Soleil, la Régence, puis Louis xv !! Louis xvi avait des mœurs pures, mais l'esprit faible. La Cour autour de lui continuait l'immoralité et la pillerie

(1) *Encyclopédie du Droit*, 1830.

des règnes précédents. Les dettes croissaient toujours et la misère dépassait l'imagination : le paupérisme enveloppait les trois-quarts de la population, marquant les villes de sa sinistre empreinte, décimant les campagnes et les peuplant de mendiants, lançant à travers le pays des bandes de brigands. Sous Louis XVI tout était à peu de chose près comme par le passé ; lorsque 89 arriva « la famille de Noailles touchait un million sept cent cinquante mille livres ; un ancien président touchait trois fois sa pension ; on avait fait quatrevingt-cinq mille livres de rente à une dame pour faciliter son mariage ; un coiffeur était pensionné comme ayant coiffé une fille du comte d'Artois morte à trois ans ; des pensions étaient servies pour des personnages morts depuis longtemps (1); » un courtisan touchait une rente énorme uniquement parce que la reine aimait sa femme; « les heureux que fait la corruption naturelle aux monarchies (2) » pullulaient.

Les caisses de l'Etat étaient vides ; les dépenses étaient payées au jour le jour.

La banqueroute était certaine, impossible à éviter lorsqu'on recourut aux assignats.

Les assignats étaient une sorte de billet de banque foncière, une sorte de mandats tirés par anticipation sur des biens ultérieurement réalisables. Le désarroi des finances de la royauté força bientôt à en faire une monnaie ayant cours forcé.

Non-seulement ils étaient soumis à réalisation, mais leur valeur dépendait d'une réalisation prompte, laquelle fut impossible dans les circonstances si difficiles de la Révolution. Ils n'étaient pas remboursables en espèces, mais ils étaient,

(1) Louis Blanc, *Histoire de la Révolution*.
(2) Louis Blanc, *Histoire de la Révolution*.

sur le marché des biens de l'Etat, échangeables en domaines nationaux. Or du papier foncier, quoique basé sur un gage solide, la terre, ne peut servir de monnaie que dans certaines limites. Comme monnaie il a l'inconvénient d'être basé sur un gage et présente tous les défauts du papier à la fois gage et signe, outre que ce gage est plus ou moins réalisable.

Les premiers assignats sur les biens nationaux portaient intérêt, comme les billets de Law. Ceux proposés en septembre 1790 étaient sans intérêt et plus divisés que les premiers qui étaient de deux cents livres.

Le gage des assignats, formé des propriétés nationales, des biens de la couronne et châteaux royaux, de la liste civile, des biens de l'ordre de Malte, des établissements inutiles supprimés, des biens du clergé et congrégations religieuses, des biens des émigrés (excepté de ceux qui périrent sur l'échafaud, dont la République ne voulut pas hériter et qui retournèrent aux familles), était, en 1795, d'une valeur de 15 à 16 milliards, d'après estimation modérée faite sur les baux de 1790. La création du papier n'était donc ni une mesure faite à la légère, ni une invention de spéculateurs.

De même que le papier de Law fut tué par les dilapidations du Régent et de sa cour, de même le papier des assignats « fut tué par un ensemble de circonstances extraordinaires presque fabuleuses (1). »

Une des principales causes fut la contrefaçon qui était passée à l'état de système par la coalition réactionnaire, « instrument de guerre, disait la réaction, non moins moral que l'épée et plus homi-

---

(1) Louis Blanc, *Histoire de la Révolution.*

cide. » Ils étaient fabriqués à Londres, en Hollande, en Suisse, par les royalistes et les cléricaux.

« Le comte de Puisaye écrivait au Comité central catholique et royal :

« Ma manufacture sera bientôt en pleine activité. « J'ai déjà soixante-dix ouvriers, et, avant peu, vous « aurez un million par jour, ensuite deux, et ainsi « de suite. Vous sentez combien ce moyen est puis- « sant sous tous les rapports. Employez-le utile- « ment; enrichissez les campagnes; gagnez les « villes; ne ménagez pas les assignats; que tout le « monde en ait. »

« Shéridan dénonçait courageusement contre Pitt un moulin employé en Angleterre pour une manufacture de papiers servant à la fabrication de faux assignats français. La dénonciation fut étouffée (1). »

Le gouvernement anglais soutenait les fabricants de faux papier français et Pitt avait des agents travaillant à discréditer la nouvelle monnaie de la France. « Des assignats faux furent envoyés aux chouans par l'Angleterre et par eux remis lors de la pacification (2). »

Le clergé ne dédaignait pas de prendre part à cette confection de fausse monnaie : l'évêque de Dol l'approuvait hautement. D'autres évêques sou- tenaient une association faussaire de prêtres qui avaient leur fabrique à Londres, mettaient la main à la pâte et opéraient eux-mêmes (3).

La réaction donnait en France à l'émission des faux assignats toute la publicité nécessaire, faisait savoir que les contrefacteurs les avaient munis d'un signe secret et que ceux-là seuls seraient rem- boursés après la chute de la république.

(1) Louis Blanc, *Histoire de la Révolution.*
(2) *Moniteur,* an III.
(3) Louis Blanc, *Histoire de la Révolution.*

Ce fut une véritable *hydropisie* (1) de papier. La plus grande circulation d'assignats véritables ne fut, à la fin de 1795, que de 8 milliards reposant sur 16 milliards de biens, or il y eut dans la circulation jusqu'à « 49 MILLIARDS d'assignats (2). » 41 milliards de contre-assignats de la réaction contre 8 milliards d'assignats de la République.

Les royalistes et le *clergé réfractaire* ne se trompaient pas sur la valeur de cette révolution de la monnaie par le papier, ils comprenaient que ce papier-monnaie était le levier révolutionnaire et que sa force était immense. Ils se rappelaient les idées de Law au commencement du siècle, sentaient d'instinct le danger qu'il y avait pour eux dans cette monnaie sociale et voyaient bien que la lutte la plus avantageuse était là. Il leur fallait à tout prix faire tomber ce numéraire, car il permettait à la Révolution de triompher et le régime républicain mettait fin à leur règne.

Le meilleur moyen de le discréditer, de lui ôter toute sa valeur, de faire avorter la mesure était d'exagérer la quantité de papier, de le lancer à profusion au-delà des besoins. Aussi des agents parcouraient les campagnes jetant en passant des paquets d'assignats dans les auberges. On les donnait pour rien à tous ceux qui passaient en France et là s'en servaient comme monnaie. Un autre fait pour tous : un cocher ayant eu la fantaisie de demander 600 livres (en assignats) pour sa course de voiture, son noble voyageur lui en donna 6,000.

Les autres causes principales de dépréciation furent les suivantes :

La République avait loyalement reconnu le papier-monnaie antérieur, émis par la royauté ;

(1) Louis Blanc, *Histoire de la Révolution*.
(2) Louis Blanc, *Histoire de la Révolution*.

les royalistes exagérèrent l'importance de celui-ci pour nuire au papier républicain : la réaction disait que les assignats royaux (à face royale) seraient seuls reconnus par la royauté. On comprend l'importance de cette manœuvre qui força l'Assemblée à les démonétiser en déterminant un temps pour les faire rentrer, soit en paiement dans les caisses de l'Etat, soit en achat de domaines nationaux, soit en échange d'assignats républicains, temps après lequel ils cesseraient d'avoir cours légal. Ce décret fut rapporté après thermidor.

Non-seulement Pitt appuyait les menées des réactionnaires et les soutenait dans leur émission de contre-assignats, mais il opérait aussi des manœuvres avec la lettre de change dans le but d'avilir le papier républicain.

De plus l'étranger ne voyait dans cette monnaie qu'une promesse reposant sur des biens dont il n'appréciait pas exactement la valeur, ni la faculté de recouvrement et en le refusant il ajoutait encore au discrédit.

La vente des biens nationaux ne s'opérait que lentement à cause de la lutte à mort entre le principe républicain et le régime ancien, du retour possible de cette réaction qui persistait à revendiquer comme sienne la propriété du pays, à cause aussi des manœuvres politiques, des scrupules religieux et enfin des excès, des coteries, des dilapidations, des fraudes des administrateurs que l'on n'avait pas la possibilité ni de choisir ni de surveiller ; or, dit le *Moniteur* « une armée de sangsues était attachée au corps politique » et elle ne fit qu'aller toujours en augmentant.

Ajoutons qu'un milliard soldé de la dette ancienne et sept guerres à soutenir à la fois, contre l'Angleterre, la Hollande, l'Autriche, la Prusse, le Piémont, l'Espagne, la Vendée, et nécessitant quatorze armées, ne permettaient pas pour le moment de renoncer à utiliser par le papier la valeur des biens que l'on avait sous la main ; il fallait recourir à des émissions successives.

La dépréciation des assignats, le renchérissement des objets de consommation, l'accaparement, la spéculation effrénée, l'agiotage qui s'en suivirent forcèrent de recourir au *Maximum*, moyen déplorable sauf dans quelques cas particuliers comme une ville assiégée, une circulation interrompue ou entravée, etc. Mais cette mesure était devenue absolument nécessaire.

On établit la taxe de toutes les denrées de première nécessité. Les fabriques menacèrent d'arrêter la production urgente ; les boutiquiers fermèrent disant que leurs magasins étaient vides. On fut obligé de réquisitionner. En faisant des statistiques et des enquêtes, en remontant aux sources de la production et des approvisionnements, on estima les bases de la production et on fixa le bénéfice.

On décréta une grosse amende contre ceux qui vendirent ou achetèrent au-dessus du maximum, et la peine de mort contre ceux qui perdaient, gâtaient ou enfouissaient des denrées de première nécessité : alimentation, chauffage, éclairage, habillement.

Il faut se rappeler les monstruosités que produisent en général l'agiotage, le monopole et l'accaparement, mais surtout alors que la spéculation et l'esprit de parti exploitaient la faim et comptaient sur elle pour entraver la marche de la Révolution et la pousser aux excès.

Mais si le maximum maintenait l'approvisionnement pour le moment, il n'approvisionnait pas pour l'avenir. Néanmoins il soutint l'assignat. Les denrées avaient renchéri, mais la hausse s'arrêta; l'assignat resta au pair.

« Depuis l'introduction des assignats la richesse territoriale avait beaucoup augmenté jusqu'en 1793 ; alors les circonstances politiques arrêtèrent ce développement (1). »

Après la chute de Robespierre, les Montagnards ne tardèrent pas à s'apercevoir de leur erreur et de leur faute. Il était trop tard. Bientôt la réaction les domina et les royalistes devaient l'emporter. La suppression du Maximum fut proposée et adoptée ; au milieu de ces circonstances c'était faire tomber les assignats. Il s'en suivit une dépréciation considérable du papier, une hausse fabuleuse de toutes denrées et l'agiotage s'accrut tellement qu'il devint la plus grande plaie du pays. Le décret qui avait démonétisé les assignats à face royale fut rapporté. Malgré le temps qui avait été accordé pour les faire rentrer, il s'en trouvait dans la circulation un milliard vingt-cinq millions qui étaient presque exclusivement entre les mains des agioteurs. C'est sous couleur de justice que se fit ce rappel qui montrait combien la réaction royaliste était déjà puissante. C'était une valeur accordée à de faux assignats, qui se trouvaient plus nombreux qu'avant la démonétisation, et une prime donnée aux agioteurs.

Avant le 9 thermidor il y avait, sans la contrefaçon, 6 milliards d'assignats et 9 mois après il y en avait 12 milliards et demi. En vain l'on cherchait les moyens de retirer le papier de la circulation, en vain Vernier niait à la tribune que le nombre des faux assignats fût grand, la réaction thermidorienne était déjà dominée par la réaction royaliste. La dépréciation ne vint qu'après le 9 thermidor. C'est par déloyauté que les détracteurs de la Révolution font remonter cette dépréciation avant cette époque.

____

(1) *Moniteur*. Rapport des Comités.

Quoique mauvais en lui-même dans des conditions ordinaires, il fallait maintenir encore le Maximum pour soutenir les assignats qui n'avaient plus la confiance. Tant qu'il avait subsisté le prix des marchandises n'avait pu s'élever hors d'une certaine mesure, mais lorsqu'il fut supprimé la cupidité contenue jusque-là, ne connut plus de bornes. La contradiction flagrante que formaient l'abolition du Maximum et le maintien du cours forcé servait aux riches et aux fripons à s'enrichir avec un papier qui perdait de plus en plus sa valeur. A l'approche de la chute des assignats, des spéculateurs avec un peu d'argent s'en procuraient à vil prix des quantités considérables, achetaient des biens nationaux vendus au quart de leur valeur par liquidation et les payaient avec ce papier qui était encore reçu au pair dans les caisses publiques. Les fermiers payaient leurs impôts et leurs fermages en assignats au pair et vendaient leurs marchandises le prix qu'ils voulaient. Autant en faisaient tous les marchands de produits alimentaires. L'agiotage et l'accaparement aidant, la famine régnait dans les villes et surtout à Paris. Les filous payèrent leurs dettes en papier qui n'avait ni valeur, ni confiance, ni appui.

Le Maximum aboli, la spéculation effrénée se réveilla terrible ; l'agiotage et le prix du pain étaient l'effroi et la préoccupation permanente de l'Assemblée ; mais elle était impuissante à lutter légalement et selon les formes de la justice. « Les agioteurs, disait Jean Bon Saint-André, trouvent dans les principes de douceur et de justice qui vous animent l'impunité et un moyen assuré d'assassiner le peuple sans courir de risque (1). » C'était en vain que l'on poursuivait ces « sangsues politiques, » ces assassins,

____

(1) *Moniteur*.

ils ne se donnaient même pas la peine de se cacher, de dissimuler leurs honteux trafics.

L'agiotage était signalé à la Convention comme un moyen employé par l'étranger et la réaction pour produire chez nous le désordre et l'anarchie (1).

Le courageux mais très-réactionnaire Boissy d'Anglas attribuait du haut de la tribune au Maximum tous ces effets désastreux qui résultaient en réalité de sa suppression dans les circonstances dangereuses où on était encore. Qui pourrait dire ce qui serait advenu si — puisqu'on avait été obligé de l'établir — il avait été maintenu encore le temps nécessaire pour achever la Révolution, vaincre l'étranger et rétablir le calme? La réaction savait bien où était son jeu, elle n'a pas dévié un seul instant de la ligne qu'elle avait à suivre pour ruiner la République. La France se trouvait, comme système monétaire par son papier et par la guerre contre les puissances, isolée des pays étrangers, mais on ramenait peu à peu le papier à un cours normal, à une émission rationnelle : les moyens de le faire ne manquaient pas et il y avait des biens à vendre. Il restait alors comme papier national servant exclusivement aux relations à l'intérieur entre les citoyens, et une grande révolution était accomplie, qui est encore à faire au point de vue de l'Économie politique comme du Socialisme. En effet si le gouvernement renonçait à être le maître de ce papier, à l'exploiter pour ses finances, il en réglait l'émission sur la demande de la circulation; et par ces mesures (auxquelles on était ramené forcément), la misère hideuse recevait une blessure dont il lui était impossible de se relever. La principale cause du paupérisme étant détruite, les autres s'atténuaient à leur tour.

(1) *Moniteur*, an III, n° 303, vol. 11.

Les assignats préservèrent la France d'une faillite totale.

« Si le gouvernement révolutionnaire parvint à nourrir et à équiper des armées de douze cent mille hommes — à créer des flottes — à extraire de la terre des quantités énormes de salpêtre — à couvrir la France de manufactures d'armes — à combattre la famine — à se passer de l'industrie qui était paralysée et du commerce qui était mort — à étouffer la guerre civile — à chasser de nos frontières des nuées d'ennemis — à faire d'une nation de toutes parts assaillie une nation conquérante — à mettre la coalition en lambeaux et à remplir d'admiration le monde qu'il frappait d'épouvante, le moyen qui servit à l'accomplissement de ces choses fut un chiffon de papier que, plus tard, quand elles furent accomplies, un mendiant dédaignait de ramasser.

« Qu'importe, après cela, que les économistes, pour l'honneur de la théorie, condamnent l'assignat ? Il est absous, puisque associé à l'enthousiasme républicain, il a fait la Révolution et sauvé la France (1).»

« Grâces soient rendues à l'Assemblée Constituante, qui a préparé le succès de la Révolution en créant les assignats. Cette monnaie territoriale a rendu de grands services à la Révolution, en mettant en circulation la valeur des domaines nationaux,..... en nous fournissant les moyens de procurer du travail à tous les citoyens, des indemnités aux familles des défenseurs de la patrie, des secours aux indigents, de raviver le commerce, d'ouvrir des canaux et des routes, de dessécher des marais, etc.

« Une opinion trop généralement répandue, et

____

(1) Louis Blanc, *Histoire de la Révolution française*, tome XII, chap. III.

qui a pu séduire des hommes de bonne foi, attribue exclusivement la cherté et la rareté des denrées et marchandises à la mise en circulation des assignats ; on s'est fondé sur ce que la production territoriale de la France ne s'élevait qu'à deux milliards tandis que nous avons six milliards d'assignats en circulation..... — [et la production industrielle, commerciale et circulative proprement dite.] — Les ennemis de l'égalité et de la liberté, qui n'ont d'autre but que de nous mettre dans l'impossibilité de continuer la guerre, se sont emparés de cette idée pour discréditer notre monnaie territoriale.

« Nous conviendrons que l'excessive émission des assignats a contribué à la hausse dans le prix des denrées et des marchandises ; mais la principale cause de l'augmentation qu'elles ont éprouvée provient du nombre des bras utiles qui sont employés aux armées et qui font un vide aux besoins de l'agriculture et des ateliers ; elle provient de la rareté des bestiaux et des matières ; elle provient enfin de la consommation excessive que la guerre nécessite.

« Quel est l'homme de bonne foi qui ne conviendra pas que le prix de la main-d'œuvre doit être plus cher, lorsque le *cinquième* de la population active est occupée à la défense commune (1), » sans compter les travailleurs employés aux fabrications de guerre, nourris par l'État ?

Les assignats, comme nous l'avons constaté, furent tués non-seulement par l'émission exagérée, mais aussi par la contrefaçon et les manœuvres de la réaction, par la vente très-difficile et mal opérée des biens nationaux, par les dilapidations et les abus des agents, par les bruits, les circonstances périlleuses, les discours réactionnaires à la Chambre

(1) *Moniteur.* an III (1795), n° 140.

et la défiance d'alors en France, ainsi que le prouve l'emprunt qu'on fit et qui fut souscrit surtout par l'étranger.

Le cours forcé n'existait plus. Déjà l'échelle de proportion de Rewbell avait détruit légalement le pair entre le papier et le métal, la valeur nominale du papier et la valeur réelle.

En 1796 on émit 2 milliards 400 millions de promesses ou mandats territoriaux, garantis par 3 milliards 780 millions de biens non hypothéqués. Ils furent dépréciés également. L'agiotage et les manœuvres duraient toujours.

L'émission de papier fut tellement exagérée qu'elle alla jusqu'à ce que la valeur des mandats et assignats fût tombée à rien. La liquidation se faisait depuis longtemps avec une dépréciation de 78 % des assignats et mandats : elle s'opéra suivant une échelle de proportion de la valeur comparative du papier avec le métal, en remplaçant le papier par des terres, des valeurs, en le recevant dans les caisses publiques et dans l'emprunt forcé que l'on fit; les transactions furent liquidées de même et suivant l'époque à laquelle elles remontaient, avec l'aide de tableaux que l'on dressa de la valeur comparative du papier et du métal aux différentes époques et suivant les lieux.

Ce fut, nous l'avons dit, une faillite partielle.

En résumé :

Law avait établi une banque dont les billets portaient intérêt, ce qui en faisait une marchandise avantageuse. Le gage était une encaisse métallique. Ils étaient remboursables à volonté. Le cours devint forcé en devenant banque royale. Il fonda la *Compagnie d'Occident* par actions ; le fonds, le gage était l'exploitation de la Louisiane. Les actions furent tuées par l'abus du prestige, la spéculation sans frein, l'abus d'une valeur à réaliser au loin dans l'avenir ;

les billets de la banque le furent par les dilapidations et les cabales, par le fait de la Cour.

Les assignats avaient une base solide, mais les contre-assignats et les événements détruisirent la confiance. La France était riche en domaines et pauvre en crédit.

Les deux systèmes, bons en eux-mêmes, ne furent ruinés que par une émission prodigieuse pour les deux, plus une contrefaçon incroyable pour les assignats ; tous deux encore par les rapines, la réaction, les cabales et l'agiotage.

Ne peut-on pas dire que c'est grâce à la réaction (et les économistes s'en sont faits complices, quelques-uns volontairement, le plus grand nombre par ignorance, par inintelligence du mouvement révolutionnaire) que les mots de Law d'une part, d'assignats de l'autre, sont aujourd'hui synonymes de ruine, de banqueroute, de misère (1), quoique ces mots soient parfaitement incompris du vulgaire et même des économistes anti-socialistes ? Peu de gens comprennent Law, connaissent bien les assignats, apprécient le bon et le mauvais côté, les points défectueux et la différence de chacun de ces deux systèmes, cependant tout le monde les maudit sans les connaître ? Qui a donné le ton ? cherchez : *Cui prodest.* Plus intelligents que nous sont les réactionnaires, les royalistes et les jésuites ; ils comprirent alors que c'était là toute une révolution. Les économistes aujourd'hui sentent que c'est une révolution sociale, et ils en ont peur.

L'émission d'un papier-monnaie est donc possible dans certaines conditions, avec de la prudence, une grande surveillance. En effet l'ensemble de circonstances par lesquelles on a fait tomber ces

______

(1) L'émission des Bons de Monnaie en 1871 a dû corriger un peu cette terreur du papier comme monnaie.

deux papiers célèbres montre combien ils avaient la vie dure ; à la réflexion l'esprit reste confondu quand on se rappelle tout ce qu'il a fallu d'obstination, de persistance, de manœuvres, d'actions criminelles pour les ruiner, et l'on en vient à se demander si réellement le papier n'est pas la monnaie la plus rationnelle, la véritable monnaie de l'Echange. C'est ce que nous étudierons au chapitre III.

III

Lorsque l'Amérique se souleva et fonda sa liberté par la guerre de l'Indépendance, elle fut obligée pour soutenir ses finances et achever sa révolution de créer aussi un papier-monnaie, *continental-monney*, semblable aux assignats, garanti par des terres incultes dans des pays sauvages ou encore peu habités.

Aussi les Américains disaient-ils à l'Assemblée Constituante : comment hésiteriez-vous à émettre un papier sur des biens que vous avez sous la main et qui sont en pleine production quand un mauvais papier, bien inférieur au vôtre, nous a permis de faire notre révolution qui sans lui était impossible ? Après avoir commencé la vôtre comme des hommes, la finirez-vous comme des enfants, vous qui, à côté de grands besoins, possédez de grandes ressources ; vous qui avez encore plus de domaines à vendre que d'assignats sur ces domaines ; qui, en créant ce papier solide, ne contractez point une dette, mais en éteignez une ? Et cependant vous n'oseriez vous confier à cette mesure !

En effet le gage du papier américain était encore moins réalisable, il donna lieu aussi à une faillite partielle, mais l'Amérique fut libre.

La Russie eut aussi des assignats basés sur les

bénéfices futurs de travaux agricoles à exécuter. Le gouvernement établit une banque devant prêter des fonds pour ces travaux d'amélioration et le papier émis servit de papier-monnaie.

« Sur 33 millions, dit Storch, qui formaient le fonds de la banque d'emprunt, 22 avaient été prêtés à de grands seigneurs avides de jouissances et qui songeaient fort peu à l'amélioration de leurs terres ; les autres 11 millions destinés aux villes furent principalement employés à construire des maisons d'habitation dans les deux capitales. » — Quoi d'étonnant, en voyant la dilapidation par les seigneurs des 22 premiers millions, que ces assignats aient subi une grande dépréciation, et cependant ils ont duré 71 ans.

L'Angleterre fonda une banque sans un sou de numéraire et émit du papier-monnaie. Le gage était des marchandises, qui sont sujettes à se détériorer, et la garantie de l'État, ce qui nécessite la confiance. Il fallait soutenir la guerre contre la France ; le papier surabondant se dépréciait. Le commerce anglais, qui avait confiance et patriotisme, décida en assemblée qu'il recevrait les billets et ils n'eurent qu'une dépréciation momentanée.

Ricardo, pour rendre l'agent des échanges le moins coûteux possible, proposait un papier qui devait circuler nécessairement quoique volontairement, qui en même temps ne pût se déprécier beaucoup et dont le gouvernement ne pût abuser en exagérant l'émission. Il demandait que tout le numéraire fût en papier ; remboursable à volonté non en espèces mais en lingots d'or et d'argent au titre et au prix de la monnaie. De cette manière, quoique le cours du métal fût libre et que celui du papier fût volontaire, l'embarras des lingots les ferait demander peu et on se servirait de préférence du papier. L'émission serait contenue forcément dans de justes bornes par la nécessité du remboursement s'il y avait dépréciation.

Il y a encore du papier-monnaie en Suède, en Danemark, en Chine. Partout il a été employé à titre d'expédient temporaire, nulle part sur les bases d'une certaine variabilité facile à prévoir, nulle part sans gage et avec connaissance exacte du rôle de la monnaie.

L'Autriche et l'Italie se servent actuellement d'un papier-monnaie appelé papier d'État, papier introduit par le despotisme du gouvernement obéré, qui en use sans émissions connues, sans garanties contre la trop grande quantité, aussi subit-il une forte dépréciation, quoique toujours à peu près la même. Quoique le papier d'État soit tout-à-fait mauvais, M. L. Faucher (1) nous dit que les crises monétaires ne sont pas plus nombreuses dans ces pays qu'en France. Lorsque l'État est trop en déficit ou que le gouvernement veut parer aux dépenses folles qu'il a faites, il fait une émission ; mais alors la dépréciation augmente, comme autrefois dans les altérations de la monnaie. Il n'y a pas de contrôle sérieux. Or il faut que le gouvernement n'ait aucun pouvoir sur la monnaie et sur son émission, sans quoi il en abusera toujours comme il a toujours abusé de sa faculté de fabriquer la monnaie métallique.

Ainsi toutes les fois qu'on s'est servi jusqu'à présent du papier comme monnaie, on a commis ces trois fautes capitales : un gage, ce qui en fait une marchandise, lui donne une valeur intrinsèque ; une émission non basée sur les besoins de la circulation ; une émission faite ou dominée par l'État. Une seule de ces trois choses suffit pour faire de la monnaie,

____

(1) *Mélanges d'Économie politique.* — Banque de France, p. 448, t. 1er.

métal ou papier, une source de crises, de déprécia-
tions, de paupérisme.

Jamais on n'a considéré la monnaie uniquement
comme l'instrument de la circulation.

CHAPITRE IIIe

Nouveaux principes. — Argumentation.

> Ce n'est pas l'abondance du numéraire qui est la véritable mesure de la richesse ; c'est l'absence du paupérisme, l'abondance et le bas prix des objets d'utilité première.
>
> « La monnaie n'est pas la valeur pour laquelle les marchandises sont échangées, mais la valeur par laquelle elles sont échangées. » — Law.
>
> Le cours d'une monnaie courante doit toujours être forcé et non abandonné au caprice.

Nous avons donné à la fin du chapitre 1er la définition de la monnaie sociale.

Elle doit être, avons-nous dit, un papier représentatif des produits, des services, du travail présent ou passé. Le *papier-social* n'est pas émis par l'Etat et n'en dépend pas, n'est pas susceptible de dépréciation réelle ; il a une émission parfaitement connue, contrôlée et réglée sur les besoins de la Circulation et du travail ; il n'a pas de gage proprement dit ; sa circulation repose sur la connaissance du véritable rôle de la monnaie, il a cours forcé et n'est remboursable en espèces que dans les relations avec les pays étrangers non adhérents à la nouvelle *Convention monétaire.*

« La fonction de la monnaie dans la société est mal comprise et très-difficile à faire comprendre (1).»

« Comme on voit toujours reparaître la monnaie

(1) Cette citation et plusieurs autres qui suivent sont de Bastiat, pamphlet *Maudit Argent.*

à chaque échange, on a fini par la regarder comme le signe et la mesure des choses échangées.

« Un louis n'est pas plus le signe d'un sac de blé qu'un sac de blé n'est le signe d'un louis. »

Le louis est le signe d'un travail ou d'un service d'une valeur connue, marquée et représentée par celle du louis. La monnaie est le signe de la valeur.

« Quel mal y a-t-il à ce que l'on considère la monnaie comme le signe de la Richesse ? — Il y a cet inconvénient qu'on croit qu'il suffit d'augmenter le signe, métal ou papier-monnaie, pour augmenter les choses signifiées, » la Richesse. C'était l'erreur de Law.

De même, malgré l'apparence, le numéraire métallique n'est pas la mesure des valeurs, car une mesure est déterminée et invariable, comme le gramme, le mètre ; mais la marchandise or et argent a une valeur très-variable et cette variabilité subsiste sous la forme de monnaie si elle surabonde ou si elle devient rare. La monnaie métallique est une mesure variable des valeurs.

Ensuite confondre, comme le fait l'Economie politique pour la monnaie, le signe et le gage des valeurs, c'est faire une confusion de deux qualités qui ne sont nullement tenues d'aller ensemble, c'est faire une pétition de principes sur le rôle de la monnaie.

L'erreur, dit Bastiat, vient de ce qu'on ne considère pas assez l'argent comme *une simple commodité* pour les transactions.

Une pièce de cinq francs veut dire « rendez au porteur, contre le présent, un service équivalent à celui qu'il a rendu à la société, valeur reçue, constatée et équivalente à celle qui est en moi-même, » ou à celle que j'indique, dirait le papier. En effet la monnaie constate d'une manière certaine que vous avez à une époque quelconque rendu à la société un service et que vous n'avez pas encore tiré de la société un service équivalent ; vous restituerez ce signe de la valeur qui vous est due quand vous obtiendrez ce service, ce que vous faites en achetant un objet avec cet argent. Vous dites: Je viens consommer chez vous pour cinq francs; ce papier est la preuve que je ne suis pas un parasite, que j'ai travaillé pour une valeur de cinq francs; cette représentation de mon travail m'a été donnée en échange d'une valeur par moi créée et qui m'est encore due par la société.

« On convient bien qu'un écu de cinq francs ne vaut que cinq francs ; mais on est porté à croire que cette valeur a un caractère particulier ; qu'elle ne se détruit pas comme les autres ou ne se détruit que très à la longue ; qu'elle se renouvelle, pour ainsi dire, à chaque transmission, et qu'en définitive cet écu a valu autant de fois cinq francs qu'il a fait accomplir de transactions, qu'il vaut à lui seul autant que toutes les choses contre lesquelles il s'est successivement échangé (1) ; » on croit cela, parce qu'on suppose que sans la monnaie métal ces transactions ne se seraient point faites.

Qui dit circulation monétaire dit valeurs, travaux, services rendus d'une part, reçus de l'autre, passant de main en main, car nous sommes tous créanciers par notre travail et débiteurs en satisfaisant nos besoins, et le compte pour la société est une balance perpétuelle.

La monnaie, attestation de service, est un certificat de valeur, certificat que la société vous a délivré en attendant que vous réclamiez une valeur équivalente. Comme signe, il indique le chiffre de la valeur, mais il n'est pas nécessaire qu'il en soit le gage.

(1) Bastiat, *Maudit Argent.*

L'échange d'un service ou d'un travail contre un autre travail ou service peut se faire par un papier-social : la créance est parfaitement éteinte par cet échange puisque ce papier peut procurer ou payer toutes les autres valeurs, travaux, services ; si vous voulez acheter de cette marchandise appelée métal précieux, vous le pouvez faire également avec ce papier.

Suppléer à la difficulté de l'échange en nature, tel est le seul rôle de la monnaie.

« La monnaie, dit Law, n'est que la mesure [variable] par laquelle on évalue les marchandises (1). »

La monnaie ne doit pas être une valeur, mais seulement le signe de la valeur ; elle ne doit pas être un gage, mais seulement le signe du gage, c'est-à-dire de la valeur créée ou du service rendu.

En effet le grand défaut de la monnaie-métal-précieux est d'être une marchandise, objet de spéculation, se prêtant encore plus que les autres à tous les trafics, susceptible d'être accaparée, sa valeur étant intrinsèque, persistante, stable en elle-même, quoique variable par les circonstances et entièrement soumise aux événements. Puisque c'est une marchandise les riches peuvent l'acheter, l'accumuler et spéculer dessus au détriment du pauvre.

« Ceux qui veulent amasser l'argent et le retenir sont comme des parties ou extrémités du corps humain qui voudraient arrêter au passage le sang qui les arrose et les nourrit : elles détruisent bientôt le principe de la vie dans le cœur, dans les autres parties du corps et enfin dans elles-mêmes. L'argent n'est à vous que par le titre qui vous donne droit de l'appeler et de le faire passer par vos mains, pour satisfaire à vos besoins et à vos

____

(1) *Considérations sur le Numéraire et le Commerce.*

désirs : hors ce cas, l'usage en appartient à vos concitoyens, et vous ne pouvez les en frustrer sans commettre une injustice publique, un crime d'Etat. L'argent porte la marque du prince (de l'Etat), et non pas la vôtre, pour vous avertir qu'il ne vous appartient que par voie de circulation, et qu'il ne vous est pas permis de vous l'approprier dans un autre sens.

« Les monopoles sur les provisions ne sont point d'une conséquence aussi funeste que l'accaparement de la monnaie, qui les représente toutes (1). »

Par sa valeur intrinsèque il est facile de garder le métal inactif et par la persistance de sa valeur on peut l'enserrer dans des coffres sans qu'il perde ; non-seulement on le retrouve intact, mais la rareté a même pu augmenter sa valeur.

Sa valeur précieuse le rend *craintif :* dans un moment d'inquiétude, là justement où il faudrait que le numéraire fût abondant pour calmer les esprits, le métal au contraire disparaît (2) et produit une panique ; les denrées augmentent, tout le monde souffre et surtout le pauvre.

La quantité de métal ne se proportionnant pas facilement à la quantité de produits cause encore de ce chef des perturbations nombreuses.

Quant à sa variabilité nous verrons un peu plus loin en quoi elle consiste et ce qu'elle produit.

L'inactivité, la rareté, la poltronnerie du numéraire métallique, la question de quantité et la variabilité sont autant de causes de crises, inhérentes à la qualité de marchandise, de valeur intrinsèque ; sont autant de sources d'agiotage, d'accaparement,

---

(1) Law, *Deuxième lettre au Public sur le nouveau Système des finances.*

(2) Se rappeler la disparition de l'or après la nouvelle de nos premiers désastres, avant le 4 septembre, et celle des pièces de cinq francs après le premier emprunt.

de misère, autant deproblèmes que l'emploi de l'or et de l'argent laisse sans solution et que résoud au contraire entièrement et parfaitement le *papier-social*.

La monnaie, signe et gage des valeurs, ne satisfait donc pas à ce que demande le socialisme. L'argent est « un despote », le « pivot du privilége », l'instrument de l'oppression. Il faut le supprimer comme tyran de la circulation et du commerce, c'est-à-dire rendre son rôle tout-à-fait secondaire.

Il faut une monnaie qui ne puisse être objet de spéculation. N'est-il pas honteux que quelques capitalistes puissent tenir dans leurs mains, grâce surtout à la monnaie métallique, le monde de la circulation, de l'industrie, du commerce, la production en un mot ; puissent produire presque à volonté des crises ou au moins en profiter pour s'enrichir et faire des coups de bourse ; puissent ruiner des milliers de gens, accroître la misère pour s'enrichir et comme en se jouant ? Quelques financiers, quelques gros capitalistes peuvent cela, et nous serions blâmables de vouloir réformer cet état de choses !

On accorde au métal l'avantage de porter en lui-même le gage de la valeur qu'il représente ; nous voyons que c'est justement là son vice, vice dont c'est surtout le peuple qui souffre parce qu'il ne peut en garder en caisse, ni le faire produire, et c'est sur lui surtout que se prélèvent les bénéfices de la hausse et du renchérissement.

Les événements politiques amènent, par exemple, le ralentissement dans les affaires, mais c'est l'argent qui détermine la crise en aggravant le mal jusqu'à l'exagération. Sur un simple bruit le métal se resserre, puis il y a accaparement non plus seulement du métal, mais aussi des marchandises. Il se produit des spéculations ignobles sur la misère. Le mal se généralise faisant des progrès avec la peur, le travail cesse, les vivres renchérissent, la crise redouble et se prolonge. Les marchandises, sans écoulement, dépérissent sur place. Le peuple jeûne, quoiqu'il y ait autant de blé, de viandes, de vin qu'auparavant. Tout le monde souffre, mais le monopole et l'accaparement ont tout intérêt à faire durer cette disette factice. Quand à la longue les affaires rentrent dans l'état normal, le riche spéculateur a décuplé sa fortune aux dépens de la misère publique, de la santé publique ; tous les autres ont souffert : ceux qui sont dans la médiocrité se sont endettés, les pauvres ont vendu ou mis au Mont-de-Piété le peu de nippes qu'ils avaient, d'autres sont morts de misère, de maladie et de faim. Les petits commerçants qui débutaient vivaient sans avoir, comme on dit, les reins solides : ils sont ruinés. Ce sont toujours les travailleurs qui paient ; c'est le troupeau qui nourrit les privilégiés et les financiers.

Par contre on affirme que c'est un inconvénient pour le papier de manquer de gage : je dis que c'est justement là son avantage, c'est là qu'est sa valeur sociale. N'ayant pas de valeur intrinsèque, on ne le garde pas pour lui-même, il ne sert que comme un instrument représentant une valeur sans en être une par lui-même.

Turgot dit dans son ouvrage *Réflexions sur la Formation et la Distribution des Richesses :* « Une monnaie de pure convention est chose impossible. »

La science progressiste doit maintenant affirmer le contraire.

« Les deux propriétés, de servir de commune mesure de toutes les valeurs et d'être un gage représentatif de toutes les marchandises de pareille valeur, renferment tout ce qui constitue l'essence et l'utilité de ce qu'on appelle la monnaie (1). »

(1) Turgot, *Réflexions sur la Formation et la Distribution des Richesses*, § 39.

De ces deux propriétés, **la première seule est utile.** Toute marchandise est naturellement monnaie par le troc, mais la réciproque est un danger ; si la monnaie est marchandise, c'est qu'il manque un instrument spécial pour les échanges, un instrument-numéraire, c'est-à-dire une monnaie servant uniquement d'instrument de Circulation.

La propriété d'être gage, valeur en elle-même, est la source de tous les abus que l'on peut faire de la monnaie, car si la valeur propre du métal précieux crée la tyrannie du capital, l'encaissement et l'oisiveté de la monnaie, les crises et l'agiotage, la rareté, résultat de la panique, enfantent l'usure, la disette, l'exploitation des classes pauvres.

Les crises ne résultent que de l'absence d'organisation sociale, de solution aux questions soulevées par le socialisme.

Il faut que la valeur de la monnaie soit une valeur toute représentative. — Quand nous disons que la monnaie sociale ne doit avoir aucune valeur en elle-même, ne doit pas avoir de gage, ni être basée sur rien, c'est pour mieux nous faire comprendre ; la base en est au contraire tout-à-fait scientifique, au point de vue même de l'Economie politique, tout-à-fait logique, rationnelle et naturelle : puisque le papier est le signe du service rendu attendant son paiement par un service équivalent, ce papier est donc une valeur très-réelle, mais comme c'est une valeur non matérielle elle n'a aucun des vices radicaux et des funestes conséquences que nous venons de montrer dans la monnaie métal précieux ; nous verrons un peu plus loin que le papier-social ne peut même pas être accaparé, qu'il ne se prête à aucun des abus de la monnaie marchandise et qu'il favorise au plus haut degré la Circulation dont il est le promoteur en même temps que l'instrument.

La base du papier-social est l'échange des services, le gage est la confiance et la valeur du service représenté. Enfin nous verrons que la quantité du papier-social représente bien la quantité des valeurs en circulation parce qu'elle s'y proportionne exactement. Cette quantité n'est pas arbitraire puisqu'elle n'est pas fixée par l'Etat, mais qu'elle résulte de la notoriété publique, de l'usage lui-même, du besoin.

Une monnaie sans valeur intrinsèque, sans gage proprement dit paraît un étrange paradoxe. A en croire les économistes la création et l'acceptation de la monnaie de billon a été un prodige de génie économique, une chose merveilleuse, quand c'est tout simplement commodité, habitude, routine, confiance. C'est un legs de l'antiquité se servant dans le principe de monnaie de fer et de cuivre ; la rareté du métal précieux fit accepter dans les échanges le billon sans s'occuper de la valeur intrinsèque disproportionnée avec celle de la monnaie précieuse.

Créer une monnaie sociale n'est par créer de l'argent à volonté ; cinq francs en papier ne représentent, comme une pièce de cinq francs en métal, qu'un travail fait et si le travail manque le papier ne peut suppléer. Il faudrait donc bien se garder de conclure qu'avec la monnaie sociale, pour faire le bonheur de tout le monde, il n'y aurait qu'à multiplier ce papier ; la monnaie n'est pas seule la richesse, rappelons-nous-le, et le papier-social n'en est que le signe. Seulement c'est déjà un avantage immense que l'accroissement considérable résultant pour la Circulation (et par conséquent pour le travail) de la suppression de tous les obstacles provenant des défauts et de l'insuffisance de la monnaie marchandise.

Quand la monnaie est abondante les acquéreurs

ne se font pas tant prier, et le travail ne manque jamais.

L'abondance de la monnaie a pour effet de diminuer les obstacles entre le producteur et le consommateur, entre le capital et le travail.

L'établissement du papier-social faisant cesser les abus que nous avons signalés, supprimant la tyrannie de l'argent, empêchant ou amortissant les crises n'est pas toute la solution de la question sociale, mais c'est un des plus grands problèmes. C'est le point le plus difficile à établir pour lutter contre les vieilles idées, contre l'ignorance et l'habitude, et pour ne pas se laisser abuser. En y ajoutant la réforme fiscale et le droit au travail on a la plus grande partie de la solution du problème de la misère.

En présence d'une vérité nouvelle on crie à l'utopie, et quand on a dit : c'est un utopiste, on a tout dit. Il y a lieu de méditer sur la monnaie démocratique, de bien réfléchir pour bien juger ; c'est le peuple qui est le premier intéressé ; n'oublions pas que le mauvais vouloir tâchera d'en imposer, cherchera à faire croire que l'application du système monétaire est impossible, qu'il est renouvelé des assignats, que ce serait la ruine, etc.

« La monnaie, dit M. Michel Chevalier, est indispensable à l'homme du moment qu'il vit en société. »

Mais là surgissent deux problèmes : celui de la *quantité*, car le défaut et la surabondance produisent tous deux des effets désastreux quoique d'une manière différente ; et celui de *fluctuation*, ou *variabilité*, les besoins de numéraire étant variables. Il en faut un dont la quantité puisse se régler sur la demande et marcher avec elle. Nous résoudrons la seconde question au chapitre suivant.

Rappelons-nous que les billets de banque ne suppléent pas à ce que nous demandons au métal, auquel ils s'assimilent et dont ils ont les défauts, que la monnaie de papier ou papier commercial répond à des besoins particuliers de la Circulation: ce sont des promesses ou des reçus par anticipation, des valeurs sur bénéfices ; c'est une espèce de monnaie à part. Billets et monnaie de papier ne changent rien à ce que nous disons du papier-social. Les actions et obligations sont également un papier spécial qui, s'il était divisé en petites coupures au porteur, pourrait servir aussi dans des transactions courantes, sans cependant pouvoir être assimilé à la monnaie dont il n'a pas le caractère général et dont il diffère complètement portant intérêt et reposant sur les bénéfices d'une entreprise.

Le *Dictionnaire d'Economie politique* donne comme une loi absolue et mathématique la formule suivante des économistes : La valeur de la somme de la monnaie et notamment de la monnaie de papier en circulation, quelle qu'elle soit, est égale à la somme, inconnue mais certaine, de valeur monétaire dont la société a besoin, et celle-ci est presque invariable dans un temps et un état commercial donnés. — Mais si cette somme est inconnue comment assurez-vous qu'elle est suffisante et certaine ? comment affirmez-vous qu'elle répond aux besoins de la société quand à chaque instant vous avez la preuve du contraire, des crises aggravées ou même produites par le numéraire ? cette monnaie précieuse, accaparable, craintive, disparaît à la moindre alerte, et vous dites qu'elle est suffisante et invariable de quantité ? Elle est très-variable, trop variable au contraire, elle dépend des circonstances politiques au lieu de ne relever que du commerce, des découvertes scientifiques et des progrès de l'industrie.

On ne s'est jamais jusqu'ici préoccupé de la proportionnalité de la monnaie avec la Circulation ; on ne le pouvait du reste, puisque le métal, fourni par les mines, est limité par sa source et indépendant de la volonté des hommes.

Cette question de quantité a une importance immense. C'est continuellement et une source de cherté des prix, grâce à la valeur comme marchandise, et une cause de crises. N'a-t-on pas vu la rareté du métal, à la suite de la guerre et des paiements faits à la Prusse, produire à Paris et dans toute la France une crise telle que l'on fut forcé de créer des bons de monnaie de un franc. L'accaparement fut bien mis là dans tout son jour : trois semaines après l'émission de ces petits billets, quand on vit qu'ils prenaient, l'argent cessait d'être rare (quant à l'or il était passé à l'étranger) et les agioteurs osaient offrir au ministre, moyennant prime, le métal qui manquait dans la circulation. Le gouvernement eut le courage de renvoyer ces spéculateurs effrontés trafiquant sur les désastres de la nation. Qui pourrait dire après cela que l'accaparement est un fantôme des esprits affolés ? si du reste l'expérience et l'histoire n'étaient pas là pour contredire l'opinion de certains économistes. Mais les faits ne sont pas toujours aussi visibles ; on ne s'aperçut pas de suite de la disparition des valeurs qui quittèrent par caissons les Tuileries dès la nouvelle de nos premiers revers et à la suite des jeux de bourse auxquels ils donnèrent lieu. Malgré le peu de garantie de ces coupures et la facilité de les contrefaire, malgré l'esprit routinier inhérent à notre pays, ces bons furent acceptés et circulèrent sans difficulté : le besoin s'était fait sentir d'une façon impérieuse. Sorti du siége on était menacé de jeûner de nouveau faute de numéraire. La crise était sans exemple jusqu'alors : les pre-

duits abondaient et on ne pouvait se les procurer ;
les détaillants étaient forcés de faire crédit faute de
monnaie. Elle allait être terrible ; ce papier-monnaie, car c'en était un véritable, l'amortit complètement dès le début et nous préserva d'une catastrophe,
sans perte pour personne. Quelques provinces
avaient devancé Paris et créé du papier n'ayant pas
cours au loin, mais circulant dans la localité pour
répondre aux besoins des habitants. En présence de
ces faits, la Banque de France, que l'on avait
été obligé de contraindre, peu auparavant, à émettre
des billets de vingt-cinq et vingt francs, se décida
à la grande majorité de son conseil d'actionnaires,
à émettre des billets de dix et cinq francs à condition qu'on retirerait le papier-monnaie de la Société
générale et du Comptoir d'Escompte qui faisait concurrence au sien.

Les richesses et les capitaux étant ici surabon-
dants et là insuffisants, manquants ou inactifs, Law
en concluait avec raison que l'agent de l'Echange
n'était pas en rapport avec les besoins, sans quoi
jamais le capital ne ferait défaut au travail et jamais
un produit quelconque ne resterait inutilisé ou perdu
dans un endroit tandis qu'on le demande dans un
autre.

« Il convient que la quantité de monnaie puisse
toujours être égale à la demande de la Circulation (1). »

Sachant qu'une augmentation de numéraire sans
accroissement correspondant de valeurs échangeables ne ferait qu'élever les prix au lieu d'augmenter la richesse, nous ne disons pas, comme
Law le fit ailleurs, qu'augmenter indéfiniment la
quantité de monnaie c'est augmenter la richesse du
pays, mais seulement que cette quantité doit ré-

____

(1) *Considérations sur le Numéraire*, par Law, 1790.

pondre au roulement des valeurs, de la production, du travail et des services, s'équilibrer sur eux d'une façon continue, car, tantôt augmentant, tantôt baissant, ils sont variables et progressent à la longue.

Nous disons encore, et prouverons à son titre spécial, que la Circulation, la puissance et l'intensité circulative est par elle-même une Richesse, puisque, passant par plus de mains, il y a jouissance pour un plus grand nombre; et c'est dans ce sens seulement que nous donnons la plus grande quantité de numéraire pour plus grande richesse puisque c'est une plus grande facilité pour l'Echange, à la condition que l'abondance du numéraire ne soit pas exagérée, car l'extension de la circulation n'est pas infinie, surtout dans un temps donné.

Ecoutons maintenant ces aveux d'un professeur d'Economie politique :

« La crise monétaire provient du *manque* et de la pénurie *des instruments d'échange ;* et cette pénurie se manifeste dans des circonstances bien différentes qui arrivent cependant au même résultat. »

« Dans les époques de confiance, de prospérité, de développement industriel, alors que les entreprises se multiplient, que les capitaux sont demandés pour être appliqués aux emplois auxquels on les destine, comme ces capitaux, pour passer des mains de ceux qui les possèdent et les prêtent entre les mains de ceux qui les occupent, doivent être mis la plupart du temps sous formes d'espèces, de billets de banque, ceux-ci sont plus demandés qu'offerts, et la masse, qui servait à une circulation ordinaire, *est insuffisante pour une circulation augmentée, surexcitée.* On en manque alors généralement, et il y a tous les symptômes d'une crise monétaire : rareté des espèces et des billets, retrait des dépôts des banques, hausse des escomptes et du taux de l'intérêt, souffrances et plaintes de tous ceux qui ont besoin d'espèces. »

« La confiance vient-elle à diminuer, à tort ou à raison, par une cause quelconque, par suite d'un événement politique ou par la crainte d'une crise prochaine, le numéraire disparaît comme la rosée par la chaleur. Chacun cherche à toucher le plus d'espèces possibles et à en remettre le moins possible, c'est-à-dire que *chacun se fait accapareur de cette marchandise par excellence qu'on est toujours sûr de vendre très-facilement* (1). »

Si le numéraire est surabondant, il en faut davantage pour acheter un produit, un renchérissement a lieu, et c'est encore un grand mal, quoique un peu atténué par l'élan résultant pour le commerce et l'industrie de l'abondance des capitaux, et par la hausse se produisant quelquefois, mais difficilement, dans le travail et les salaires.

Si la quantité de monnaie est abondante, sans exagération les services que rend ce grand instrument d'échange et d'association, sont à bon marché.

Un numéraire abondant sans surabondance est un grand instrument de progrès matériel et même moral, car les privations et l'avidité diminuent.

Les prix payés par le pauvre et par le riche ont une propension à s'égaliser. Tout ce qui est abondant se prête à l'équilibre.

« L'augmentation de la quantité de monnaie tend à favoriser considérablement l'égalité parmi les hommes (2). »

Or, jusqu'à présent, cette quantité a toujours été très-insuffisante, relativement à la quantité néces-

---

(1) Ces trois citations sont empruntées au *Traité d'Economie politique* de M. J. Garnier, p. 424 et 425.
(2) Carey, *Principes de la Science sociale.*

saire, et supplée fort mal et fort incomplètement par la monnaie de papier de la Banque et du commerce.

Quand la monnaie est rare, ce qui est le cas de beaucoup le plus fréquent, une source de richesse, l'Échange, est tarie : le commerce s'arrêtant, les produits inutilisés meurent sur le point de production ; le travail industriel, qui produit par transformation, languit. La société est comme un corps dans lequel la circulation du sang serait ralentie : l'Échange, cet organe producteur de la vie dans les sociétés civilisées, cet agent d'une grande partie de la Richesse moderne, ce véhicule de la civilisation, je dirais presque son critérium, l'Échange est en souffrance.

Quand la monnaie est chère, l'usure redouble d'âpreté ; l'hypothèque est lourde ; le pauvre ne trouve pas à emprunter même à cent pour cent. Le crédit est paralysé, les transactions sont lentes, difficiles, nulles. Le travail est rare et à bas prix. Le riche au contraire y a tout avantage : il retire un gros intérêt de ses capitaux. L'inégalité s'accroît considérablement.

L'effet d'une augmentation de numéraire est de faire hausser les prix, affirment d'une façon absolue les économistes ; ils prennent, comme cela leur arrive souvent, un cas anormal d'exagération extraordinaire pour la règle. Cette abondance est avantageuse pour vendre mais non pour acheter, disent-ils, comme si les deux faits n'étaient pas corrélatifs. Ils ne voient pas que acheter bon marché et vendre cher n'est pas la seule source du bénéfice : il faut encore y comprendre la production peu coûteuse, l'étendue du débit même avec un petit gain, etc.

Quand la quantité de monnaie diminue, disent-ils encore, la circulation de ce qui reste s'accélère. Encore une phrase avancée absolument à la légère et sans aucun examen approfondi. Quand la monnaie est rare elle est chère et on y regarde avant de la dépenser ; le riche la garde pour spéculer, le pauvre (la masse) gagnant moins en use moins ; les transactions, vente, achat et travail, sont considérablement diminuées, il ne s'en fait que ce qui est absolument urgent. Sans doute la circulation monétaire de ce qui reste de métal est activée, mais la Circulation générale (1) est paralysée. Les économistes considèrent donc ici la monnaie en l'isolant des produits, faute dont ils accusent leurs adversaires.

Sur cette question de quantité, nos économistes ont marché sur les traces de Hume et de l'école anglaise : « Le plus ou moins d'abondance de monnaie est absolument indifférent, puisque les prix des denrées et marchandises sont toujours proportionnés à la quantité de métaux précieux existant dans un État ; et une couronne du temps de Henri VIII achetait autant de marchandise qu'on en achète aujourd'hui avec une guinée. Lorsque la monnaie devient plus abondante, comme il en faut davantage pour représenter la même quantité de denrées, cela ne peut avoir nul effet bon ou mauvais (2). »

On appelle tantième monétaire la *différence* lorsque le numéraire n'est pas en rapport avec les produits ou lorsqu'il est rare. Comparé avec les produits, c'est une valeur de rapport ; avec le numéraire plus ou moins rare, c'est une valeur de quantité.

Par l'élévation du tantième, c'est-à-dire lorsque l'argent est rare ou insuffisant, dit un économiste distingué (3), « rien n'est changé dans le monde ; les cultures, les édifices, les animaux, les voies de communication restent ce qu'ils étaient, mais

---

(1) Comprenant le travail, la production, l'échange, etc.
(2) Hume. *Essai sur la Monnaie*.
(3) M. Cernuschi, *Mécanique de l'Echange*.

tout vaut moins d'or que précédemment, car l'or a renchéri. Tous les biens, comparés les uns avec les autres, conservent la même valeur qu'auparavant, aussi n'y a-t-il là aucun dommage..... Le tantième STÉRILE, le tantième monétaire s'agrandit. »

« Par elle-même, la hausse des prix n'a aucune importance. Tout augmente en proportion, donc rien n'augmente ; — Et le salaire du journalier à cinquante sous et trois francs, augmente-t-il?—après un certain temps, il n'y paraît plus, on s'habitue à des prix différents, on s'habitue à la monnaie dépréciée. » — Et l'ouvrier dont la journée n'augmente pas, à quoi s'habitue-t-il, M. Cernuschi?

De même Bastiat dit, *Maudit argent :* « C'est une circonstance assez insignifiante qu'il y ait beaucoup ou peu de numéraire dans le monde. S'il y en a beaucoup, il en faut beaucoup, s'il y en a peu, il en faut peu pour chaque transaction; voilà tout. »

Tout augmente en proportion (c'est vite dit, mais ce n'est pas vrai), donc rien n'augmente! on s'habitue à d'autres prix! Et le pauvre, comment s'accommode-t-il de cela? et l'ouvrier, qui a tant de peine à faire augmenter, non pas en proportion mais un peu, son salaire, comment fait-il quand la nourriture et le logement sont doublés de prix? Est-ce qu'il n'a pas déjà assez de privations? Est-ce que la distance entre les classes n'est pas encore augmentée ainsi? Les objets de consommation sont augmentés de prix : le tantième s'agrandit, voilà tout! Logique d'apparence, application fausse d'une formule mathématique. Comme c'est bien là le langage des économistes employant des formules abstraites sans s'inquiéter si elles restent vraies dans l'application! Comme il est commode de ne pas s'occuper de l'humanité, de dire: c'est une science à part!! Cela ne justifie-t-il pas pleinement notre mépris de l'économisme? N'avons-nous pas raison de dire que l'Économie politique est une science fausse les trois-quarts du temps?

Les deux extrêmes finissent par aboutir à des résultats analogues, mais le plus redoutable, le cas permanent et qui donne lieu fréquemmemt à des crises, est l'insuffisance; aussi les effets de l'abondance et de la rareté ne sont pas comparables. Il suffit pour s'en rendre compte de réfléchir un peu sur ce que nous venons de dire et de se rappeler l'importance des inconvénients, la gravité des abus que nous avons signalés avec l'emploi des métaux précieux.

Pour éviter ces deux maux, disette ou excès de numéraire, il est une condition essentielle, une question vitale, surtout pour le peuple : c'est que la monnaie n'ait pas de valeur intrinsèque, comme notre papier-social, afin qu'on ne puisse l'accaparer, qu'on n'ait aucun intérêt à la rendre ni rare ni surabondante et que l'agiotage ne puisse s'exercer en grand. La monnaie sociale les évite tous deux et rend impossible le seul réellement à craindre, l'insuffisance. La surabondance ne peut se produire qu'avec un papier dont l'émission est mal établie et déréglée, encore cette exagération doit-elle être déjà considérable ; si elle était faible nous verrons que les inconvénients se neutraliseraient en partie d'eux-mêmes. Mais il ne faut pas pour cela prendre des exemples monstrueux, des exagérations fabuleuses, comme les assignats et le papier de Law, que nous avons étudiés afin de bien montrer combien peu ils ressemblent à la monnaie sociale, et parce que cette étude, fertile en enseignements, détruisait beaucoup d'idées fausses.

Le papier-social, lui, *ne peut faire renchérir le prix des denrées*, des vivres, parce qu'il n'est jamais ni insuffisant, ni trop abondant. Il est à l'abri de la hausse, ou de la dépréciation, car son émission se limite et se règle d'elle-même sur la quantité de produits en circulation par le moyen d'une *échelle de variabilité de la valeur*, comme nous allons le voir un peu plus loin.

« L'emploi du papier comme monnaie n'est point par lui-même un mal ou un danger; bien au contraire. Le mal et le danger du papier-monnaie viennent de la difficulté de régler les émissions, du défaut de garanties contre un gouvernement toujours sollicité à se livrer à des fabrications excessives. Autrement il y aurait tout avantage à employer une monnaie peu coûteuse au lieu d'une monnaie chère, et à appliquer la valeur de celle-ci à l'accroissement des capitaux actifs du pays. C'est justement ce que font les Banques de circulation (1). »

A part la dernière phrase qui vient là comme un correctif, comme un regret ou une peur, quel appoint en faveur de notre système! Le *Dictionnaire* nous donne pleinement raison; que dis-je, il va plus loin que nous : il indique l'emploi que l'on pourrait faire du métal précieux démonétisé ; et nous craignions de dire au pays, au Conseil monétaire, de l'employer à éteindre la dette à l'intérieur, sans perte par conséquent pour la nation, sans que ce numéraire passât à l'étranger! Rayons la dernière phrase, car elle est complètement inexacte : les banques de circulation ne corrigent et n'atténuent en rien les vices de la monnaie-métal.

« La monnaie métallique est la monnaie de la défiance, de l'individualisme ; le papier est la monnaie de la confiance, de l'association (2). »

D'une part : capitalistes, concurrence, individualité ; d'autre part : crédit, association, mutualité. Nous en sommes encore à la première période; c'est

(1) *Dictionnaire de l'Économie politique.*
(2) Louis Blanc.

à peine si nous commençons à entrer dans la seconde, un peu par l'association, très-peu par la mutualité; quant au crédit gratuit, ou au moins à très-bon marché — autre point de la question sociale — il est encore à naître. — Proudhon seul l'a entrevu et nous sommes encore à comprendre ses théories en politique et en Économie sociale.

L'argent est la monnaie des sociétés passées ; le papier est la monnaie sociale, la monnaie des sociétés à venir. L'économiste Turgot dit : « La monnaie est la valeur *pour* laquelle les marchandises sont échangées », le socialiste Law dit : « La monnaie est la valeur *par* laquelle les marchandises sont échangées. » Turgot : « Une monnaie de pure convention est chose impossible, » Law : « Si l'on établit une monnaie qui n'ait aucune valeur intrinsèque, ou dont la valeur intrinsèque soit telle qu'on ne voudra pas l'exporter et que la quantité ne sera jamais au-dessous de la demande dans le pays, on arrivera à la richesse et à la puissance, » à la destruction presque complète de la misère.

Le métal suffit d'abord ; puis on inventa le papier de banque, car malgré la production des mines, qui n'est pas illimitée, le numéraire était devenu insuffisant ; aujourd'hui déjà cela ne suffit plus et empêche un plus grand essor du commerce, du travail, du bien-être, entrave, par des désordres périodiques, la marche de l'égalité et de la civilisation. Le crédit lui-même ne suffirait pas pour résoudre la question, fût-il, comme nous le proposerons, plus accessible au travailleur.

Appliquons à la monnaie sociale ce que Ricardo dit de la monnaie de papier, au § 4 des Propositions tendant à l'établissement d'une circulation monétaire économique et sûre :

« Une monnaie de papier sagement dirigée marque un tel progrès dans les idées commerciales, que je regretterais amèrement de nous voir ramenés par l'influence des préjugés vers un système moins avancé. L'introduction des métaux précieux à titre de monnaie peut à juste titre être envisagée comme un des pas les plus brillants qui aient été faits dans la carrière du commerce et de la civilisation industrielle. Mais le progrès de l'expérience et des lumières nous enseigne aussi qu'il y a encore un pas à faire, et qu'il faut leur enlever cette fonction qu'ils ont si avantageusement accomplie à des époques moins éclairées. »

Un dernier mot :

« En général, la cause des métaux précieux, comme agent monétaire est presque complètement perdue : les hommes d'État les plus pratiques, aussi bien que les théoriciens les plus habiles, ont suffisamment relevé les avantages de la circulation en papier, tandis que les adversaires de ceux-ci sont réduits à se retrancher derrière la seule objection du manque de gage intrinsèque, avantage que les métaux précieux sont menacés de perdre par la variation, la variation étant contraire à leur nature comme monnaie (1) » métallique.

---

(1) *Du Crédit et de la Circulation*, par Cieskowski, page 163.

Établissement du Papier-social

« *Non æs sed fides.* » La véritable base de la monnaie est l'opinion et non le métal.

Une monnaie abondante, sans surabondance : 1. se prête à l'*Egalite* ; 2. est un grand instrument de progrès matériel et moral, car la production et la circulation s'agrandissent, les privations et l'avidité diminuent.

« *Qui nova remedia accipere nolit nova mala expectet!* » Que celui qui repousse les remèdes nouveaux se prépare à des calamités nouvelles.

BACON.

Le véritable instrument de la circulation est le papier ; le métal précieux devrait être réduit au rôle de monnaie d'appoint.

La possibilité de la suppression de l'argent comme monnaie courante n'est pas même soupçonnée encore. Jusqu'ici, c'est la valeur intrinsèque qui a déterminé l'instrument de l'Echange ; il est naturel au contraire que l'instrument de la Circulation ne soit réglé que par le besoin qu'on en a. Les économistes eux-mêmes avouent qu'une marchandise comme monnaie ne répond pas d'une manière satisfaisante à ces besoins.

Le papier-social peut être revêtu de toutes les garanties qui font la commodité de l'or et de l'argent pour les échanges ; nous verrons même que la contrefaçon du papier est plus difficile que celle des coins qui servent à fabriquer la monnaie de métal.

Le papier-social est mesure variable des valeurs, il les représente et est variable comme elles en valeur et en quantité ; s'y proportionnant et, par le fait même de sa variabilité, identique, sa représentation reste exacte lors même que, par accident, son titre nominal cesserait de l'être.

Les valeurs varient sans cesse, il faudrait donc que le titre de la monnaie variât sans cesse aussi ; cela ne se peut parce que ce serait trop gênant et causerait beaucoup d'erreurs. C'est pourquoi la dénomination de franc reste pour le papier comme pour le métal, mais pour tous deux seulement comme nom, comme appellation, comme unité de monnaie. Que cela ne nous empêche pas de bien comprendre ce qui se passe avec la monnaie métallique et la monnaie sociale, et de distinguer la différence, quoique l'appellation et la division monétaires restent les mêmes ; la valeur des denrées varie, celle de la monnaie métallique reste la même mais en apparence seulement, et la différence entre la valeur apparente et la valeur réelle, tantième, donne lieu aux trafics, à l'agiotage, à l'accaparement et aux crises. Tandis que ces inconvénients n'ont pas lieu avec le papier-social, parce que, n'étant pas une marchandise, il n'a pas de valeur intrinsèque ; sa valeur tout idéale suit les autres et lui permet de représenter exactement toutes les valeurs.

Il est émis par un *Conseil monétaire* composé de quarante membres nommés sur la liste de candidats se proposant : économistes, socialistes, écrivains, journalistes, commerçants, hommes d'affaires, etc., les plus connus par leur compétence dans la question monétaire au point de vue nouveau, par leurs connaissances financières et surtout par leur dévouement à la cause sociale.

Pour représenter le peuple, dix membres sont nommés au scrutin par l'ensemble des Chambres syndicales ouvrières existant alors en France; pour représenter le commerce et l'industrie, dix membres sont fournis de la même manière par l'ensemble des Chambres de commerce et des Chambres syndicales constituées des patrons. A ces conseillers nommés par toute la France, le pouvoir législatif et le pouvoir exécutif ajoutent ensuite chacun dix membres.

De cette façon, le Conseil représente le pays et est indépendant du gouvernement et de l'Assemblée, avec lesquels il sera en rapports très-fréquents. Les mandants auront à surveiller continuellement les opinions, les mesures et les votes de leurs mandataires, qui seront nommés pour cinq ans et rééligibles. Le Conseil sera permanent sans pouvoir être dissout (1), et sans interruption de fonctionnement même aux élections générales.

Le Conseil monétaire a pour mission d'étudier d'une façon permanente les besoins de l'Echange, de mouler la quantité, la marche du papier numéraire sur ces besoins, de suivre par conséquent d'un esprit attentif les variations de la Circulation et de la monnaie, de dresser des tableaux continus de leurs fluctuations, d'en rechercher, noter et apprécier les causes apparentes ou soupçonnées, etc. Il fait faire sous sa surveillance immédiate le tirage du papier, et procéder à son émission ou à son retrait selon les besoins du moment. — Pour cela le Conseil est le caissier du gouvernement, de l'Etat, et a en même temps la garde du trésor.

Ces travaux se font au grand jour, les votes sont nominaux, les séances sont publiques. Les tableaux, le tirage et le contrôle sont pour ainsi dire constamment sous les yeux de tous. Tous les actes, projets, jugements, appréciations, opinions ou dires des membres du Conseil, ayant trait à la question monétaire, sont discutables publiquement par tous.

L'émission ou le retrait du papier-social n'a

(1) Sauf s'il se dissout lui-même par appel aux électeurs.

pour règle absolument que la demande de la circulation monétaire se traduisant par une petite hausse ou baisse qui se manifeste à l'œil vigilant et exercé des observateurs, guidés aussi par les circonstances commerciales et les événements politiques.

Il y a deux sortes de variabilité pour la monnaie, la variabilité en quantité et la variabilité de valeur. La seconde dépend de la première dans le papier-social, mais comme il n'y a pas de valeur intrinsèque, la première ne dépend pas de la seconde, ainsi que cela arrive trop souvent dans la monnaie métallique lorsque, la valeur augmentant, on fait des amas pour spéculer.

Une légère variation de la valeur indique que la quantité de monnaie est insuffisante ou trop grande. C'est une *échelle d'oscillation de la valeur et du papier* facile à dresser, et dont l'équilibre serait la règle d'émission.

Les besoins de la Circulation et de numéraire sont indiqués par cette échelle de la hausse ou de la baisse de la valeur (et par suite de la quantité) du papier comme représentant monétaire, échelle mobile qu'on peut facilement contenir et régler, l'émission n'étant pas dans les mains de ceux qui pourraient avoir intérêt à en abuser, à l'exagérer ou à la trop restreindre; en un mot, si on a une émission bien faite et à l'abri du soupçon.

Ce qui affecte surtout la valeur du papier, c'est lorsqu'il est émis hors de proportion avec la demande de la circulation, ou lorsqu'il est l'objet de la spéculation ou des intrigues.

Le cours du papier-social est forcé, cela va de soi, puisqu'il est la monnaie nationale.

La valeur du papier à cours forcé peut varier : 1° par des émissions excessives ou insuffisantes; 2° par l'effet des mouvements et des caprices de l'opinion. La création et le fonctionnement du

Conseil monétaire, tels que nous les montrons, empêcheront le premier inconvénient ; la connaissance par le public du véritable rôle de la monnaie, jointe à la publicité complète, mettront à l'abri du second.

Les variations, plus grandes au commencement, ne tarderont pas à prendre leur marche naturelle, en retirant ou émettant à propos le papier, comme nous l'indiquerons pour le début ; l'émission arrivera rapidement à son équilibre en répondant aux exigences du travail, du commerce, de l'industrie, des affaires.

Les oscillations seraient maintenues dans de justes limites, seraient lentes et naturelles comme celles de la valeur, se produiraient sans secousse et sans exagération, égales — immense avantage — pour le bas et le haut de l'échelle sociale. Le Conseil, en surveillant attentivement les causes, se tient prêt à agir en conséquence ; soit à retirer du papier de la circulation s'il y a dépréciation réelle, soit au contraire à en émettre, mais avec prudence, s'il y a insuffisance de monnaie sur le marché. Bientôt même la mobilité serait insensible en temps ordinaire pour d'autres que pour les membres habitués à la serrer de près, à l'étudier pour ainsi dire à la loupe.

Le numéraire étant ainsi surveillé et devenant l'instrument docile de la Circulation, de légères variations, loin d'être un inconvénient, rendent plus sensible la marche des affaires, qui n'a plus de raison pour rester longtemps stagnante, et permettent à l'agent monétaire de se proportionner à la quantité de valeur qui circule.

Répétons que l'émission n'a rien d'arbitraire et ne peut pas donner lieu à des abus, puisqu'elle ne dépend pas de l'Etat, et qu'elle ressort de l'usage, découle du besoin, relève de la publicité et de l'esprit public suffisamment éclairé.

La variabilité, funeste dans la monnaie métallique, est, contenue dans certaines limites, avantageuse et même indispensable dans la monnaie sociale. Une variation normale de l'échelle de valeur est un guide sûr pour le papier-social, et est salutaire parce que le numéraire s'en trouve d'autant moins avantageux à conserver en caisse inactif. La somnolence des capitaux est empêchée, car la circulation est ainsi accrue et maintenue en activité.

La variabilité empêche l'accaparement. Si une panique se produisait et qu'on fût tenté d'enserrer ce papier comme l'or et l'argent, toujours une hausse de l'échelle avertirait qu'il faut augmenter l'émission pour parer à cette retraite et diminuer d'autant la valeur du numéraire caché.

Le commerçant aura dans ses coffres les encaisses nécessaires ; mais ce qui sera impossible, ce sera l'accaparement en temps de crise, le retrait de la circulation, le transport à l'étranger du numéraire français.

Remarquons un autre avantage : le métal accaparé et enserré perdra aussi de sa valeur, il deviendra donc moins peureux.

Les crises s'arrêteront ainsi dès leur début ; la circulation ne souffrira pas de la timidité de la monnaie. Après la crise, si le métal réapparaissant fait baisser la valeur du papier, l'échelle en baissant avertira de retirer le numéraire qui est de trop.

Ainsi cessant d'être une marchandise la monnaie cesse d'être craintive, le numéraire social n'est pas poltron, il subit l'influence des événements, mais sans en être l'esclave ; se rendant, par son échelle de variation, presque indépendant des secousses politiques et commerciales. La panique ne se produira plus sur le numéraire, et si les crises ne disparaissent pas complètement, du moins elles seront amoindries considérablement.

Le papier nouveau enraye presque complètement l'usure.

Mais pour cela il faut que ces variations, insensibles en temps ordinaire et légères en temps de crise, soient visibles même alors et pour tous.

Le papier doit être émis avec prudence : la confiance et le crédit ne se décrètent pas ; il doit se tenir toujours le plus près possible de la valeur actuellement existante, autrement dit se calquer sur les besoins de la Circulation. Cela est indiqué par l'échelle de variabilité. Il n'est donc pas une anticipation sur l'avenir, une création de valeur factice ; il n'est que la substitution, comme monnaie, d'un instrument infiniment plus heureux que l'ancien, nous affranchissant des inconvénients inhérents à l'emploi d'un métal précieux, marchandise précieuse, objet de convoitise, de cupidité, d'avarice pour les spéculateurs et même pour nos voisins d'outre-Rhin. Ce caractère malsain de la monnaie métallique serait considérablement atténué si la monnaie ne représentait plus que la circulation des produits et des services passés, présents et même à venir.

J'ai dit : à venir, parce que de la propriété de représenter du travail, des services, même à venir, lui vient la faculté de servir d'instrument de crédit, mais seulement dans une certaine limite ; limite qui se règle d'elle-même par la variation. Si on veut voir là une anticipation sur l'avenir, c'est du crédit réel, véritable et de bon aloi, car il se limite de lui-même, une baisse ou commencement de dépréciation venant avertir le Conseil que la quantité de monnaie dépasse sur le marché les besoins actuels, qu'il faut retirer du papier.

« L'Etat, dit Proudhon, ne possède rien ; il n'a rien que des dettes et des baïonnettes. » Aussi il faut absolument que l'émission du papier-social soit en dehors du gouvernement, sans quoi il abusera toujours; il faut absolument qu'elle soit aux mains de la nation représentée par le Conseil monétaire, ne relevant que de l'opinion publique, de l'élection, et sans attaches gouvernementales, quoique forcément en rapport avec l'Assemblée et l'Exécutif. Il ne faut pas non plus qu'elle soit faite par des individus, des sociétés ou des banques, ni qu'il y ait plusieurs variétés, centres ou modes d'émission, mais unité au contraire comme pour les billets de banque actuels. Si le numéraire nouveau était émis par une banque, il faudrait qu'elle fût banque d'Etat et remise aux mains du Conseil, que le papier fût bien sans gage proprement dit, sans valeur intrinsèque ni commerciale, mais seulement *l'instrument-monnaie*; il faudrait aussi que la Banque de France, supprimée comme banque d'émission, ne restât que banque de dépôt et d'escompte, banque commerciale libre n'émettant pas de monnaie.

Avec la monnaie sociale faut-il supprimer la monnaie d'or et d'argent? Certes ce serait bien préférable, il serait bien plus avantageux que la mesure fût radicale, qu'on pût éviter la lutte entre les deux monnaies, la concurrence que le métal ferait au papier et qui serait défavorable à ce dernier par la faculté de faire le grand commerce avec des stipulations différentes, selon que l'on paierait ou en métal ou en papier, l'un ayant une valeur propre et l'autre seulement une valeur représentative (du travail et des services).

Mais, il faut le reconnaître, la suppression rapide et complète du métal comme monnaie est impossible de longtemps, même à l'intérieur seulement. L'argent sert partout de point de comparaison des valeurs, l'étranger n'y renoncerait que plus tard, et chez nous la routine et l'ignorance sont autant d'obstacles.

Le prestige de l'or n'est pas prêt d'être détruit ; tant qu'il durera, tant que le métal précieux sera demandé comme monnaie, dotez richement les budgets de l'instruction, de la guerre, de la marine, réformez et allégez les impôts, amortissez la dette.— Au lieu de retirer du marché les billets de cinq francs qui circulent si bien, qui ont toute confiance, qui sont au pair, entassez le métal, et quand la Prusse aura vu qu'elle ne peut prussifier l'Alsace et la Lorraine, vous satisferez son avidité en espèces que vous ferez sonner à son oreille pour racheter ces deux provinces, sans préjudice du reste d'une puissante armée et d'un formidable armement.

La suppression du métal aura lieu plus tard, elle sera spontanée et universelle ; le temps viendra où l'or et l'argent cesseront de servir de monnaie autrement que comme toutes les autres marchandises, malgré les avantages qu'ils ont sur elles sous ce rapport. Ils céderont la place à la monnaie sociale, qui a presque tous ces mêmes avantages, sans avoir les graves défauts inhérents à la monnaie valeur intrinsèque.

Le métal et le papier peuvent vivre ensemble. Les Bons de monnaie de la Société générale n'ont pas eu sensiblement à souffrir du voisinage de l'argent. Nous allons même voir que l'agio — subsistant nécessairement dans les grosses affaires de la différence de valeur du papier et du métal, et impossible à éviter tant que les deux monnaies existeront côte à côte — que l'agio, disons-nous, perdra ses caractères les plus vils : il se réduira à une sorte d'achat du métal, à une préférence donnée à cette marchandise précieuse mais sans aucun inconvénient.

Cependant, si nous ne pouvons supprimer entièrement le métal, nous devons viser à y arriver le plus possible, à l'intérieur d'abord. Cela se pourra en assez peu de temps en vulgarisant les notions justes sur le rôle de la monnaie, et en opérant la rentrée du métal dans les caisses du Conseil, pendant qu'il émettra le papier-social au fur et à mesure que le besoin s'en fera sentir. Cette rentrée s'opérera doucement et insensiblement.

L'établissement du papier-social ne présente pas de grandes difficultés. Les billets de banque actuels ayant cours forcé, l'Etat, s'il ne peut procéder tout de suite radicalement, fait ses paiements presque exclusivement en papier, et ne reçoit en paiement autant que possible que du métal; à mesure que l'argent se raréfie, l'on augmente l'émission du papier. Puis l'Etat déclare à propos la séparation de la Banque de France en banque d'émission et en banque ordinaire. La banque d'émission est déclarée banque d'Etat et remise aux mains du Conseil monétaire que l'on crée aussitôt avec une très-grande rapidité; la suppression du gage du papier est décrétée, et l'encaisse métallique qui servait de gage aux billets de banque est remise dans les caisses du Conseil en même temps que les encaisses rentrées en métal. Le Conseil devient le caissier et le trésorier de l'Etat, publie son état monétaire et entre en fonctions. Sa comptabilité reste au grand jour, il donne toute la publicité désirable à ses travaux, à ses entrées et sorties de métal et de papier, à ses tableaux, à son échelle de variation, à ses votes. Ses rapports avec l'Etat sont réglés à peu près comme dans les finances et le budget d'aujourd'hui, sauf réformes et publicité pour assurer son indépendance vis-à-vis de l'Etat et de l'Assemblée, sa liberté, sa responsabilité et sa dépendance vis-à-vis du public, etc. Les billets de banque actuels deviennent le papier-social; mais ayant cours forcé, ils ne sont jamais remboursés en espèces. Les coupures en sont abaissées jusqu'à un franc pour la commodité de la classe ouvrière, pour la plus grande facilité des paiements entre patrons et ouvriers, parce que le franc est l'unité du système monétaire et parce que si les coupures étaient arrêtées à cinq francs, comme actuellement, cela nécessiterait trop de monnaie de billon.

Peut-être une dépréciation du papier aurait-elle lieu au début ; elle est peu probable cependant, car l'argent étant rare, nous avons vu les petits billets, de un, deux et cinq francs s'y substituer sans difficulté ni inconvénient. Si cependant cette dépréciation avait lieu, le Conseil retirerait du papier jusqu'à ce qu'il soit redemandé au pair, car il fait ses recettes en métal et ne paie qu'en papier ; la rentrée du métal est forcée.

La question de la quantité de papier à émettre d'abord devient ainsi une question presque secondaire, ou tout au moins perd beaucoup de son importance. Mais si on ne procède pas en provoquant avant le début une légère rareté du métal, il est préférable d'opérer en secret au commencement de l'émission du papier jusqu'à la création du Conseil. La valeur actuelle peut servir de base, le Conseil émet du papier en place du métal qui rentre, en émet avec une certaine latitude tout en agissant avec prudence. La marge est large en effet. Il en retire s'il se déprécie et en émet à discrétion tant qu'il est redemandé, et ainsi jusqu'à ce que l'échelle se soit réglée d'elle-même.

Il faut toujours, quand le papier est demandé, que le Conseil l'émette en abondance, et dans le commencement provoque à dessein quelques oscillations jusqu'à ce que l'échelle soit bien réglée et les tableaux publiés ; cela a pour but de s'assurer que le numéraire est réellement assez abondant, qu'il répond en réalité à tous les besoins du travail et de la Circulation jusque dans ses replis et ses emplois les plus compliqués, enfin qu'il est à bon marché et n'est pas l'objet de spéculations comme la monnaie métal précieux.

Des succursales ou sous-caisses du Conseil seraient créées sur tous les points de la France. Le papier usé, déchiré ou trop sali y serait échangé contre du neuf de la même manière que cela se fait pour les billets de banque trop détériorés, le numéro de la série et le numéro particulier étant présentés. Le vieux papier et le papier surabondant retiré par le Conseil seront brûlés publiquement.

On voit que le peuple est dès à présent à moitié habitué au papier-social. La nécessité l'avait du reste assez bien accoutumé au papier de la Société générale. Il n'y aurait qu'à faire son instruction sous ce rapport, la confiance produirait l'habitude et *vice versa*, l'émission étant à l'abri des abus.

Des individus pourraient passer à l'étranger emportant du métal, mais il reviendrait toujours ; les pays voisins ne peuvent pas plus se passer de la France que nous ne pouvons nous passer d'eux. Si cette exportation se faisait sur une échelle qui ne fût pas trop vaste, elle n'aurait que peu d'inconvénients, si au contraire elle se faisait trop en grand, il serait facile de la restreindre en interdisant la libre exportation de la monnaie métallique. Il ne serait pas, croyons-nous, nécessaire de recourir à cette mesure, car cette exportation, comme nous allons le voir, serait inutile

La monnaie comme nous l'entendons est une monnaie représentative, bien connue, variable en principe et sans concurrence métallique. Mais comme l'interdiction du métal ne pourrait se faire sans mesures violentes, il ne faut le supprimer qu'à la longue par une réforme acceptée et peu à peu consentie universellement. Le numéraire sonnant reste donc à côté du papier, et s'il donne toujours lieu à un agio inévitable et irrémédiable, du moins ce n'est plus cet agiotage funeste et odieux que nous connaissons. En effet, à mesure que la rareté du métal se produit le prix de l'or et de l'argent augmente comme marchandise peu abondante sur le marché, mais il faut bien remarquer que le papier ne baisse pas, c'est l'or et l'argent qui cessent d'être étalons de valeur. Le point de comparaison des valeurs, le dénominateur commun n'est plus une quantité d'argent du poids d'une pièce de un franc, mais un papier de la valeur idéale du franc, unité monétaire du système métrique représentée maintenant par un papier-social nommé billet d'un franc parce qu'il représente un service, une valeur déterminée par ce nom d'une manière fixe et invariable.

Un objet payé vingt-deux sous en monnaie de billon ou avec un billet d'un franc et un décime pourra au contraire, si on offre une pièce d'argent et que le vendeur y consente, être payé avec cette pièce seule au lieu d'être payé par la pièce plus dix centimes. L'unité, le franc n'est plus représenté par la pièce mais par le billet de ce nom, quoique la pièce continue à s'appeler un franc tout en valant un franc dix centimes.

Ainsi le papier n'a pas baissé, car le Conseil, l'œil sur l'échelle de variation, veille à ce que la quantité de monnaie suive toujours la demande de la Circulation et que le numéraire social, par conséquent, ne soit pas déprécié. C'est le métal qui est devenu plus cher, parce qu'il est plus rare : il reprend son rôle de marchandise. Dans les caisses du Conseil où l'on ne veut pas considérer l'argent monnayé comme marchandise parce qu'il y reste comme monnaie supplémentaire, comme pour l'étranger qui n'a pas encore (par une Convention monétaire) adhéré au système du papier-social, l'argent reste au pair avec le papier ; cent francs de métal et cent francs de papier se valent — pour les transactions avec l'extérieur — quoique, dans les transactions entre particuliers, un franc en métal vaille peut-être dix centimes de plus en valeur marchande.

Il faut bien comprendre encore que le prix marchand des denrées n'est pas augmenté, comme cela avait lieu avec les assignats à cause de la dépréciation du papier surabondant, et parce que la valeur du métal servait de point de comparaison entre les gages des deux monnaies, entre la valeur intrinsèque de ces deux marchandises : assignats et métal ; les assignats étaient marchandise comme la monnaie de papier, les Bons de monnaie des sociétés et notre billet de banque sur gage. Les denrées ne sont pas augmentées, elles sont seulement, ce qui n'est pas la même chose, payées moins cher en argent par la comparaison de la valeur des deux marchandises : celle offerte en vente et celle proposée en paiement ; si toutefois, ce qui serait peu avantageux, le vendeur consentait à faire le troc d'argent au lieu d'être payé davantage avec l'instrument représentatif, papier-social. Le cours des marchandises est normal et maintenu tel (par l'échelle), sauf un avantage pour le payeur en argent.

Le marché naturel de l'argent est la Bourse. Le trafic existant, car on ne peut empêcher le métal d'être une marchandise, il vaut mieux qu'il se passe au grand jour que de le rendre occulte et immoral en voulant l'interdire. Toute la question est de lui enlever ses effets désastreux et son caractère de spéculation ignoble. Or l'agiotage est ainsi transformé en commerce d'une marchandise ; le commerce de l'argent devient sans préjudice pour personne, sans détriment pour le pauvre, sans renchérissement des denrées, sans dommage pour la société, sans influence sur la Circulation, sans accaparement monétaire, ni production de misère.

Il est naturel que le payeur qui s'acquitte avec une marchandise plus chère, qu'il a lui-même achetée, jouisse de la valeur supplémentaire de cette marchandise. Il n'y a pas là perturbation. L'avantage qu'il y a réellement est, notons-le bien, tout-à-fait transitoire et de courte durée ; il n'a lieu que jusqu'à renouvellement de l'encaisse métallique que chacun avait chez lui lors de l'établissement du système. Après, l'avantage circule à mesure que le métal passe de main en main, ou, pour dire plus vrai, cet avantage est devenu parfaitement nul, car en recevant l'argent, on a payé l'avantage que l'on retrouve à son tour en le donnant en paiement; on paie moins mais on a reçu moins. Au bout d'un certain temps, préférer l'argent serait donc se bercer d'une illusion de bénéfice, puisqu'il a fallu payer ces avantages.

Cependant nous venons de voir que cet avantage était réel au début; c'est pourquoi, avant d'établir le papier-social, il serait préférable de l'amener petit à petit sans avertissement préalable par une rareté factice peu sensible jusqu'à la déclaration, pour éviter qu'il soit fait de fortes encaisses. La difficulté est de faire en papier les paiements de l'Etat tout en donnant le moins qu'on pourrait d'espèces, réciproquement recevoir des espèces et le moins possible de papier, sans trop éveiller l'attention des spéculateurs.

Reste une autre question. Tandis que le papier-social est monnaie chez nous, l'étranger, qui ne l'a pas encore adopté, a le métal pour numéraire. Dans nos relations de commerce avec lui, ou il reçoit notre papier et nous le rend, ou il voudra exclusivement du métal ; dans le second cas, comme les espèces sonnantes sont chez nous un peu plus chères que celles en papier, notre commerçant serait donc moins avantagé dans le commerce du dehors que dans celui de l'intérieur. En outre, nous achetons des produits à nos voisins, ils refusent notre papier-monnaie, veulent de l'argent ; tout ce que nous en possédons irait donc chez eux et ils nous ruineraient sous ce rapport ? Non, car à leur tour ils ont besoin de nos produits, nous exigeons alors nous aussi de l'argent en paiement.

Pour cela les succursales du Conseil, caisses qui sont établies par toute la France, font *gratuitement* les virements de métal avec nos voisins. L'or et l'argent sont centralisés dans ces caisses sur tous les points et pour éviter des coups de main du gouvernement, et pour qu'ils soient sur tout le territoire à la disposition du commerce et des voyageurs trafiquant avec l'étranger.

Ce n'est absolument que dans les rapports avec les pays étrangers, jusqu'à leur adhésion à la Convention monétaire, qu'il est nécessaire de se servir d'une monnaie identiquement égale à la leur ; mais pour le commerce et les relations à l'intérieur ou avec les pays adhérents, ce n'est nullement nécessaire, ni même utile. Le métal ne doit servir que comme monnaie supplémentaire et de garantie pour le dehors, en attendant qu'on puisse s'en passer complètement.

Les paiements et les recettes qui se font en espèces sonnantes avec l'extérieur, se feront par l'entremise du Conseil pour les particuliers dans leurs rapports avec l'étranger, qui ainsi ne pourra spéculer sur notre monnaie, ni accaparer ce que nous possédons de marchandise argent. Cela du reste est tout à l'avantage du commerçant ; soit, par exemple, 100 francs en métal, ils valent 105 francs en monnaie courante : le négociant gardera son métal, portera à la caisse du Conseil avec laquelle il est en compte courant 100 francs en papier-social et la caisse paiera pour lui 100 francs en argent au négociant étranger ; s'il eût payé lui-même avec son argent il eût perdu les 5 francs qu'il y a de plus-value en France. Il n'a que bénéfice dans les virements (entièrement gratuits) de métal par l'intermédiaire des caisses ; son papier-social est, à la caisse, au pair avec l'or étranger, et son métal vaut en France plus que le même hors de France. De même, au lieu de payer au négociant français, l'étranger paie à une caisse des frontières en avertissant son créancier.

D'une part, il faut que le métal ne soit pas soutiré du pays par l'étranger, c'est une marchandise précieuse dont la nation ne doit pas se démunir ; d'autre part, tout en restant chez nous, il ne faut pas que le métal redevienne abondant dans la circulation, avec lui reviendrait l'agiotage ; il cesserait de nouveau d'être seulement marchandise pour redevenir monnaie-marchandise ; quand il arriverait à être trop abondant, sa concurrence ferait varier trop le papier et causerait des perturbations, il faudrait retirer trop de papier-social ou sa valeur cesserait d'être au pair avec les autres valeurs et de les représenter ; il y aurait dépréciation ou on retomberait dans les inconvénients du passé. Le Conseil doit viser à supprimer le métal de plus en plus comme monnaie et maintenir sa rareté en payant en papier et en faisant autant que possible en numéraire sonnant les recouvrements de l'Etat (je ne parle pas ici du papier apporté pour les transferts avec l'étranger).

Outre le système des virements de métal par les caisses du Conseil, il y a encore un autre moyen pour le cas peu probable où le premier ne serait pas suffisant pour empêcher la sortie du métal ou son abondance à l'intérieur. En étudiant l'impôt, nous avons demandé la suppression des douanes. Il n'y aurait donc qu'à les rétablir, mais exclusivement pour veiller à ce que la circulation métallique aux frontières ne se fasse que par l'intermédiaire des caisses du Conseil. Cette douane emploierait beaucoup moins de monde que l'autre, elle aurait quelques-uns des mêmes inconvénients sans doute, mais elle en aurait infiniment moins, le volume et la lourdeur sont des difficultés pour la circulation en contrebande de fortes quantités de métal ; de plus, à mesure qu'un pays voisin adhérerait au nouveau système monétaire, la douane serait supprimée de ce côté et reculée aux frontières de ce peuple.

Notre égalité monétaire vis-à-vis des puissances étrangères est maintenue, et le système est entièrement à notre avantage.

Une autre commodité résulte ; il n'y a plus de transports de métal, ni de risques, ni de pertes de temps, etc. Le négociant qui ne veut pas se déranger souvent pour remettre au Conseil les sommes qu'il a à payer en métal à l'extérieur, peut avoir à la caisse la plus proche un dépôt et un compte-courant comme le font actuellement les commerçants à la Banque ; quant à l'étranger, il n'a non plus ni embarras, ni dérangement ; s'il paie en métal, il l'expédie à la caisse la plus voisine, au lieu de l'envoyer directement à son correspondant préalablement informé.

J'indiquerai seulement, sans insister, l'avantage résultant pour la sécurité et la bonne foi des transactions opérées ainsi par l'entremise des caisses du Conseil dont les livres seront des témoins et des documents aussi exacts qu'irrécusables.

La libre exportation des métaux est interdite, sauf sous forme de marchandise ouvrée, légalement poinçonnée à un alliage inférieur, et n'ayant lieu que par le contrôle à la Monnaie, comme cela se fait aujourd'hui.

Par la rareté factice du métal, qui a augmenté le prix de cette marchandise, peut-être les objets de luxe et d'art en or et argent seraient plus chers, il est vrai, mais ils seraient aussi plus recherchés ; leur cherté ne s'élèverait que dans une certaine proportion, et ne serait pas un obstacle sérieux ; il est naturel que des objets de luxe soient chers et précieux ; il n'y aurait d'inconvénient réel que pour quelques applications non artistiques, industrielles proprement dites, de l'or et de l'argent, comme pour la chirurgie par exemple, et pour lesquelles on pourrait faire des dispositions spéciales.

Nous avons dit qu'il faut que ce soit le Conseil qui ait à sa disposition l'or et l'argent et fasse le service financier du pays. Le particulier paie, comme nous l'avons démontré, ce qu'il consomme avec le papier-social attestant des services qu'il a rendus, il échange son travail contre des achats ; mais l'Etat à première vue ne produit rien, ne travaille pas, n'a rien à échanger : il faut donc qu'il fabrique de ce même papier pour payer les services qu'on lui rend, puisqu'il n'a rien à lui en propre. Ce papier que le Conseil crée pour lui et lui fournit pour des besoins déterminés, déprécie-t-il celui qui est **en** circulation et représente-t-il des services rendus, du travail fait ? Non, car 1º il dépend de l'échelle de variation comme l'autre et est réglé de même ; 2º l'Etat a une production *sui generis*, il crée **par** exemple la sécurité... ; 3º le Budget est réglé par l'Assemblée, le Conseil est indépendant et ne relève que du pays. Les dilapidations, un régime monarchique seraient impossibles avec ce système de numéraire.

Ceci nous amène à envisager à un nouveau point de vue la question de l'impôt.

La nouvelle monnaie ne pourrait-elle supprimer l'impôt ? C'est un problème à étudier, à débattre ; nous croyons qu'en effet l'impôt peut se ramener à un simple tribut sur la circulation ; le *Dictionnaire de l'Économie politique* nous a déjà montré que ce n'était point une hardiesse trop grande que de penser employer le métal, soit le gage actuel des billets de banque (je ne dis pas les dépôts de la Banque), à liquider la dette de l'État à l'intérieur, pourvu qu'il ne sorte pas du pays (1). Plus d'emprunts, plus d'impôts interminables, l'encaisse du métal pourrait servir dans une certaine mesure à amortir la dette ancienne, et avec le seul impôt sur le revenu, même sans être progressif, fournir aux exigences du budget réduit à sa juste mesure, c'est-à-dire de moitié — question prussienne à part.

Nous croyons fermement qu'un jour viendra où l'impôt, tel que nous le connaissons, n'existera plus dans la société bien organisée, qu'il sera regardé alors comme le procédé de la barbarie, bon dans un temps où l'on était encore dans l'ignorance presque complète des phénomènes sociaux, des lois et des harmonies économiques de la société.

Tandis que les vices irrémédiables de la monnaie métal en font une source de crimes, d'immoralité, de paupérisme, on peut appliquer au papier-social ce que disait M. Cieskowski (2) cherchant à réformer la monnaie actuelle :

« Alors on comprendra clairement combien on s'est mépris jusqu'à ce jour sur les besoins de la circulation, et comment on n'a pas su tenir compte de ses besoins latents, qui souffraient de ne pouvoir se manifester faute d'un agent convenable. »

(1) On voit que nous n'allons pas jusqu'à dire comme ce membre de la Convention qui proposait de faire des boulets avec l'or et de les envoyer à nos ennemis égoïstes, avides et insatiables !!!
(2) *Du Crédit et de la Circulation*, p. 159.

Récapitulons les principaux avantages du numéraire social :

1. Il y a moins de misère, parce que l'émission monétaire s'équilibre sur l'Echange, se proportionne sans cesse aux produits et suit la demande qui est faite de monnaie.

2. Le papier numéraire ne représente que la quantité de valeurs réelles, mais les représente toutes; que la circulation du travail, mais le représente tout entier.

3. La Circulation, ayant un instrument ne relevant que d'elle, ne résultant que de la notoriété publique, est beaucoup plus parfaite et considérablement accrue.

4. En temps de crise, on pourra émettre davantage de monnaie, pourvu que l'on procède avec modération dans l'émission; la crise sera complètement amortie, il n'y aura que ralentissement du travail au lieu de cessation, et le renchérissement des vivres sera nul ou presque nul. On cesse d'émettre du papier dès qu'il est abondant suffisamment, et quand les affaires vont mieux ou que le numéraire n'est plus demandé, on retire ce qu'il y en a de trop; le commerce n'en souffre pas, parce qu'il est en quantité suffisante.

5. Il n'y a plus de paniques de numéraire, parce que celui-ci ne peut s'exporter subrepticement, se resserrer, ne peut disparaître de la circulation. Ces paniques causent ou aggravent les crises politiques; or faire des encaisses considérables ne servirait à rien, car le Conseil averti par la variation de l'échelle, émettrait d'autre papier; le papier encaissé serait inutile et perdrait de sa valeur à cause des variations de l'échelle que l'accaparement produirait.

Contrairement à l'argent, le papier a pour ainsi dire intérêt à rester sur le marché en temps de crise pour suivre la variation, pour rester au pair des valeurs qu'il représente.

6. Les crises commerciales seront bien plus rares et bien moins fortes par suite de la facilité du papier numéraire à se prêter jusqu'à un certain point, jusqu'au retour de l'état normal, aux exigences de la situation, tandis que les métaux précieux, au contraire, aggravent le mal en se retirant au moment où on a le plus besoin d'eux.

7. La stabilité et la sécurité nécessaires aux affaires sont suffisamment établies par la méthode et les mesures proposées par la prudence du Conseil monétaire et la confiance que l'on aurait en lui.

8. Cet ancien fléau de la monnaie métallique, la variation de quantité et par suite (pour le métal) de valeur (tantième), fait place à la fluctuation de l'échelle qui empêche la variation de valeur pour le papier, et est utile et même avantageuse au lieu d'être funeste.

Notons bien que cette fluctuation de quantité, toujours approximativement égale à celle des produits, est légère, a lieu par une montée ou une descente régulière, exempte de secousses, la hausse ou la baisse, émission ou retrait, ayant lieu par le fait du besoin plus ou moins grand de numéraire pour la circulation.

9. Cette variabilité de quantité, parce qu'elle est bien surveillée et réglée, empêche la dépréciation et la variation de valeur (pour le papier), car l'échelle de quantité et l'échelle de valeur se confondent ensemble, se réglant l'une par l'autre ; la quantité détermine la valeur et la valeur détermine la quantité, toutes deux résultant du besoin. Cette échelle est un véritable thermomètre de la valeur, est le guide-avertisseur.

10. L'augmentation ou la diminution réelles de

la valeur ne se produisent qu'à la longue, **dans de grands intervalles de temps.**

11. Même en temps de malaise, la variation de la valeur du papier n'est que juste suffisante pour empêcher l'accumulation en caisse des capitaux, leur inactivité.

12. En temps ordinaire, elle est insensible et générale ; elle porte à la fois et sans exception sur tous les capitaux, parce que tous travaillent et circulent ; elle se fait donc sans que personne en subisse de détriment.

13. Les millions qui restent dans les coffres, dit Bois-Guillebert, ne sont pas plus utiles à l'Etat que ne seraient des pierres, tandis qu'un million qui se reproduit mille fois par la circulation, donne le même résultat qu'un milliard qui ne sert qu'une fois dans le même intervalle.

Donc le papier-social offre, pour la vie circulative de la société, cet immense avantage qu'il ne conserve toute sa valeur que s'il reste dans le mouvement pour continuer à être en harmonie **avec les** autres Richesses ou utilités. L'oisif ne peut laisser son capital oisif aussi sans s'exposer à une déperdition.

14. Le capitaliste, le riche, le rentier, l'entrepreneur n'auront jamais à craindre de dépréciation sans équilibre, sans compensation, n'auront jamais d'inconvénients à supporter s'ils laissent leur capital dans la circulation et non dormant dans les coffres-forts. Il n'y aura plus de réserves que les encaisses pour les paiements, les opérations courantes et au comptant.

15. Suppression pour les particuliers des transports de métal, risques, pertes de temps et **autres** incommodités.

16. L'intérêt suit également l'échelle des valeurs ; son taux est baissé et le Crédit facilité par l'abon**dance des capitaux.**

17. Diminution des emprunts et des impôts.

18. Accroissement de la sécurité et de la bonne foi pour les opérations faites par les caisses du Conseil.

Nous verrons plus loin des avantages moraux et sociaux d'un autre genre, comme par exemple une monnaie universelle, la paix générale, la vie en bonne intelligence des peuples, non par un idéal utopique, mais par la civilisation commerciale, l'harmonie entre les nations par la création d'une *Convention monétaire internationale;* la mise temporairement en interdit au milieu de la circulation générale pourra remplacer, comme arme, les armes de guerre (1).

Ne vous défiez pas de l'évidence, ne la rejetez pas

(1) Loin que ce soit une utopie, cette idée germe et grandit tous les jours ; en voici plus que des symptômes, des preuves

A propos de la *Ligue internationale de la paix et de la liberté* de Genève (septembre 1870), un journal anglais parlait d'un « projet de constitution d'un tribunal international composé de représentants de tous les gouvernements indépendants Ce tribunal aura pour mission de régler d'après un code de loi internationale tous différends pouvant s'élever à l'occasion entre divers gouvernements, et sa juridiction s'étendra à tous les gouvernements représentés, sans qu'il puisse toutefois intervenir dans leurs affaires intérieures. On propose en outre de décider que si l'un des gouvernements représentés refusait de se conformer à la décision de ce tribunal dans un temps donné, il serait mis au ban, et tous les autres gouvernements cesseraient avec lui toutes relations diplomatiques, jusqu'à ce qu'il se soit soumis à l'arrêt du tribunal. »

Un autre journal français, le *Siècle,* disait de son côté, à propos du congrès de Bruxelles tenu à la même époque : « Au moment où se réunit ce congrès, il est de notre devoir de mentionner une pétition qui lui est adressée au nom de la Société des amis de la paix. Cette pétition, intitulée *Un cri d'humanité,* est signée par tout le bureau de la Société. On y trouve les noms de M. Frank, de l'Institut ; de M. Henri Bellaire ; de M. Renouard, procureur général près la Cour de cassation ; de M. Fauvety, de MM. Gagneur, Mazeau, Ducuing, députés, etc., etc. La Société des amis de la paix voudrait que le congrès s'occupât surtout des moyens de rendre la guerre impossible. Cependant, ajoute la pétition, si ce but ne pouvait être atteint, si les divers gouvernements représentés au congrès de Bruxelles, reculant devant une tâche vraiment sainte, qu'il ne tiendrait qu'à eux d'accomplir, entendaient se borner à réglementer l'état de guerre, nous espérons du moins, pour leur honneur, qu'ils légèrement. On ne saurait trop approfondir cette question de la monnaie, si peu étudiée jusqu'à présent, et sur laquelle on a des idées si fausses, grâce surtout au gage du billet de banque, aux assignats et aux inconvénients pour le métal des fluctuations et de la variabilité.

Les avantages de la monnaie sociale ne tarderont pas à être reconnus chez les peuples voisins. Bientôt

ne garderont du projet que les articles relatifs aux prisonniers et aux blessés..... »

Enfin, dans les séances de la *Ligue internationale de la paix* de Genève, on donna lecture « d'une remarquable étude de M. Fauvety sur les nouvelles conditions politiques de l'équilibre européen »; M. Ch. Lemonnier produisit un formulaire de traité d'arbitrage entre les peuples, et la Ligue a adopté la résolution suivante :

RÉSOLUTION.

a. La paix ne peut être assurée que par l'équilibre des nationalités et par l'établissement des *Etats-Unis d'Europe*

b. L'existence d'Etats unis suppose préalablement la souveraineté et l'indépendance ou autonomie de chaque Etat, et l'autonomie nationale repose elle-même sur l'autonomie de la personne humaine, qui est l'objet et le fondement de tout droit.

c. Toute nation, grande ou petite, est admise à faire partie des Etats-Unis d'Europe, pourvu qu'elle ait à sa tête un gouvernement national, indépendant de toute puissance étrangère, et qu'elle se possède dans l'intégralité de son territoire.

d. Les Etats-Unis d'Europe pourront être considérés comme constitués par la fédération de trois Etats au moins, offrant une force de résistance suffisante.

e. L'UNION restera toujours ouverte à l'adhésion des autres Etats, qui auront déclaré en accepter les principes.

f. Le but immédiat de l'UNION EUROPÉENNE est le maintien de la paix et de la bonne harmonie entre les nations confédérées par la pratique de l'arbitrage et la proclamation d'un code international du droit des gens.

g. Les nations de l'Europe s'unissant pour former une société véritablement humaine et civilisée déclarent, par le fait même de leur entrée dans l'UNION, renoncer au principe du droit de conquête, les droits des populations conquises ou annexées par la violence étant imprescriptibles.

Tantôt on parle d'une conférence politique internationale, tous les jours on fait des traités de commerce; tantôt c'est de convention sur les lois de la guerre et sur les blessés qu'il s'agit, ailleurs c'est une convention monétaire ou postale; hier le *Siècle* préconisait la formation d'un congrès commercial ; l'internationalisme déborde et ce sera une des gloires du XIXe siècle d'avoir ébauché l'idée et la réalisation de l'union des peuples.

même nous acquerrons une supériorité qui les amènera à adhérer à notre système par une Convention internationale sous peine de nous voir nous enrichir à la longue à leurs dépens, et cela sans que l'abondance du métal nous nuise ni moralement ni en faisant hausser le prix des denrées, puisqu'il reste dans les caves du Conseil. En effet, la rareté du métal appelle celui du dehors : ce qui resterait à notre avantage si l'étranger négligeait de faire ses paiements comme il est payé lui-même, c'est-à-dire par les caisses.

La France est particulièrement avantagée par sa position géographique, ses productions, sa richesse territoriale, pour pratiquer, la première et en grand, ce système sans avoir rien à redouter de ses ennemis. Qui voudrait se passer de nous d'une façon absolue, se créerait au point de vue matériel du commerce, de l'industrie, de la circulation, une situation impossible à tenir longtemps: un nouveau blocus à l'intérieur serait encore plus impossible que le blocus continental de Napoléon Ier.

En attendant la formation de cette Convention, le papier-social serait monnaie sociale à l'intérieur (avec rareté de l'argent) et le métal serait monnaie pour l'extérieur par l'entremise des caisses. Nous serions, tant que nos voisins n'auraient pas adhéré, comme une société, une cité ouvrière de deux cents ou cinq cents membres, par exemple, renfermant des boulangers, bouchers, tailleurs, cordonniers, peintres, journalistes, artistes, savants, philosophes, etc., qui conviendraient : 1° de se payer entre eux avec un certain papier difficile à contrefaire, des bons de monnaie n'ayant pas de valeur intrinsèque, ni de dépôt d'encaisse pour gage, mais représentant leurs services et productions réciproques, — la première émission se faisant en paiement contre attestation de travail, de production pour la société;

2° de demander, en dehors de leur société, paiement en argent de leurs travaux ou services. Loin de se ruiner, cette cité ou société s'enrichirait promptement aux dépens de ses voisins, chacun bénéficiant sur ses épargnes de l'excédant de valeur (comme marchandise) du métal qu'il aurait en réserve pour le dehors. Comme il n'y aurait pas intermédiaire de la Caisse d'échange (du papier) dans les paiements (cette société n'ayant pas besoin que l'argent soit tenu rare chez elle), un travail fait au dehors et payé avec une pièce de cinq francs pourrait être échangé à la Caisse contre cinq francs cinquante centimes, par exemple, en papier pour les transactions, achats entre adhérents; tandis qu'au contraire cinq francs en papier seraient échangés à la Caisse contre cinq francs en métal, au pair. Les cinquante centimes d'écart que nous supposons, sont la différence de valeur de la marchandise-monnaie sur la monnaie représentative, selon que l'on emploie l'une ou l'autre; chacun gardera du métal et échangera le reste contre du papier de la société, l'un pour les besoins du dehors, l'autre pour ceux du dedans.

Prenons un autre cas. Supposons une immense ville assiégée, où la panique fait disparaître tout l'or et presque tout l'argent; on crée une monnaie obsidionale : pendant le siége de Paris en 1870, et sous la Commune, alors que tous les riches étaient partis emportant ce qu'ils n'avaient pas caché de métal, on frappa une quantité considérable de monnaie de cuivre; on ne voyait plus que des sous. Le roulement se fait entre la monnaie, les produits et les vivres, et réciproquement; mais les vivres s'épuisent dans la ville assiégée (1), tandis que dans le pays entier la production renaît sans cesse,

_____

(1) Surtout si, dès le début, l'autorité militaire n'a pas pris soin de tout réquisitionner : magasins, boutiques, réserves, caves, etc., et d'acheter tout ce qui surgit des fermes et des champs d'alentour.

et le roulement n'est pas interrompu. On voit donc :
1° qu'une monnaie représentative n'a rien d'impossible, pourvu seulement qu'on ne puisse l'altérer ni l'imiter plus que la monnaie précieuse ; 2° que la France, plus que tout autre pays, a besoin de cette monnaie, son sol produisant tout, excepté de l'or, tandis que nos voisins n'ont pas une production aussi complète ; qu'elle peut plus que tout autre encore en prendre l'initiative, puisqu'elle est dans les conditions de se suffire entièrement à elle-même, dans la situation la plus avantageuse, pouvant à la rigueur se passer des autres.

Il faut remarquer de suite que, en temps ordinaire, l'émission et la variabilité, étant bien réglées, sont pour ainsi dire mathématiques pour chaque pays ; la moyenne étant bien déterminée, un peu en plus et un peu en moins seraient la marge habituelle de la variation, et, même dans les temps agités, la variabilité de l'échelle ne dépasserait pas encore certaines limites.

La *Convention monétaire internationale* serait composée du Conseil monétaire de chaque nation adhérente, et fonctionnerait ainsi :

Le Conseil monétaire de chaque pays est indépendant et ne relève que de ses électeurs. Les Conseils des différents peuples se réunissent en Convention, à des époques déterminées et dans les circonstances solennelles, pour s'entendre ensemble, se faire leurs communications et régler les différends en assemblée générale, le reste se faisant *d'une voix par peuple.*

La Convention a une permanence qui ne se compose en temps ordinaire que des délégués, le même nombre pour chaque peuple, vote personnel et nominal. Elle surveille la marche générale de la Circulation, dresse l'exposé général de ses affaires, reçoit les rapports, juge les cas particuliers, examine les perfectionnements à introduire et en fait part aux Conseils ; elle règle en un mot toutes les questions générales et fait les affaires communes. Mais elle laisse chaque Conseil régler et gérer les affaires particulières, faire ses émissions librement, *mais dans une limite déterminée en Convention générale* et fixée d'après l'échelle du pays, avec une marge très-large au-dessus et au-dessous des écarts les plus grands. La Convention internationale exerce le contrôle général.

Une convention trop centralisatrice serait absorbée par les travaux et les détails, lente là où il faudrait de la précision et de la rapidité dans les actes. Elle pourrait être oppressive, tyrannique, arbitraire et subordonnée à des influences politiques qui en feraient sortir la guerre tandis qu'elle doit travailler à la pacification et à la sécurité générales. D'autre part, si elle n'avait pas assez de cohésion ni assez de pouvoir, elle ne pourrait maintenir l'unité, contenir les écarts, veiller aux abus, ni maintenir la paix et empêcher les conflits entre les peuples.

Notre combinaison réunit toutes les conditions d'exécution et remplit facilement le but matériel et moral; elle assure l'entente entre tous, une solidarité universelle des nations, un développement extraordinaire de la vie sociale, une prospérité aussi grande que possible, la sécurité générale, une pacification complète et la voie libre pour la marche du Progrès.

Il serait désirable qu'il y eût uniformité dans les valeurs (avec la même unité d'un franc), dans les dimensions (qui devront être très-reconnaissables selon la valeur), dans les couleurs, dans la disposition, ne différant que par la langue de chaque pays. Il y aurait ainsi unité dans la monnaie des peuples au grand avantage du commerce et au grand détriment de l'agio.

Outre les virements de métal que nous avons vus avec les peuples non adhérents, il y aurait aussi les virements de papier entre ceux adhérents, pour les paiements à faire d'une nation à une autre et pour échanger (au pair et gratuitement) contre le papier du pays le papier étranger que l'on aurait reçu en paiement, qui circulerait moins bien parce que la langue n'en serait pas comprise et que l'on pourrait craindre de reconnaître moins facilement la contre-façon.

Que l'on suppose maintenant un certain nombre de puissances formant plus tard entre elles une Convention internationale se servant de papier ; pour arrêter l'ambition désordonnée de l'une d'elles, il suffirait aux autres de mettre son papier en interdit. On pourrait s'entendre pour rendre les guerres rares ou presque impossibles ; la guerre commerciale remplacerait les engins. La guerre entraîne toujours la misère et une ruine partielle ; en mettant tout au pis, en admettant qu'il en serait ainsi dans le nouveau genre de lutte, il en résulterait toujours une économie, celle du sang du peuple. L'humanité y gagnerait de pouvoir se dire réellement plus civilisée, car elle est encore, en fait de guerre, aussi barbare que dans l'antiquité ; la seule différence est que les armes sont changées et que l'on massacre de grandes armées au lieu d'en massacrer de petites.

Il est inutile de prêcher le désarmement d'un pays, si les peuples voisins peuvent l'envahir. La mesure est impossible, si elle n'est pas générale ; l'idée certes est éminemment bonne, mais il faut qu'elle soit possible, or il n'y a qu'un moyen, la révolution (réforme) sociale.

Dites si, avec une Convention monétaire internationale employant la monnaie sociale, la guerre serait aussi facile ? La civilisation, le commerce et la circulation, est-ce là une utopie, ou même une nou-

veauté? Est-ce là un mince avantage? Cela ne **vaut-il**
pas la peine d'être étudié et approfondi avec bonne
volonté? La fraternité des peuples ne serait-elle pas
réalisée? non par utopie, mais forcément : **par la
solidarité des intérêts commerciaux.**

Créer une monnaie de papier et faire une Convention monétaire, quel beau traité de commerce,
quel beau commencement d'entente entre les peuples, quel acheminement vers la suppression des
guerres ! L'esprit de conquête serait tué par ce système monétaire et par le socialisme ; il serait remplacé par l'intérêt commercial et l'esprit de solidarité.

Une bonne monnaie doit être un puissant
instrument de civilisation et amener de grands
progrès.

Puisse la guerre de 1870 être seulement une
des dernières ! N'est-ce pas assez de cinq cent mille
français et allemands hachés en quelques mois dans
les plaines de France ou morts dans les ambulances ?
N'est-ce pas assez d'avoir amoncelé les cadavres
sous les coups de mitrailleuses, d'avoir entassé les
lambeaux de chair humaine découpée par les boulets
et les obus, d'avoir marché pendant le combat jusqu'à la cheville dans le sang en certains endroits ?
Assez désormais de *manivelles à faucher les hommes*,
comme les appellent les soldats, assez d'extermination, assez de guerres faites par la fantaisie, la sottise ou l'ambition de quelques despotes. Car enfin,
avec tous les perfectionnements apportés à l'art de
tuer, il est bien permis de penser qu'un jour la
guerre deviendra impossible à force d'être meurtrière.
Vos mitrailleuses sont l'enfance de cet art cher aux
tyrans conducteurs de brutes plus ou moins lettrées,
savantes même ; la mitrailleuse à jet dirigeable et
continu cessera bientôt d'être une charge du *Charivari*.

Avez-vous réfléchi comment finira cet état de désolation ? Est-ce en poussant jusqu'au bout ce système destructeur ? Mais alors ce sera encore un retour à la barbarie, vous irez jusqu'à ce qu'un tiers du genre humain soit détruit par les deux autres, et il n'y aura même pas de raison pour que cela s'arrête ; toujours il y aura des forts voulant dominer et des faibles à exterminer. Tant que les peuples auront des rois, ils seront exposés à ces horribles jeux de la guerre. Royauté, empire sont synonymes de guerre, misère : corruption en haut, ignorance en bas. Mais patience ! leur règne n'est pas éternel, l'humanité méritera un jour de n'en plus avoir. Nous aimons à croire que le progrès finira par l'emporter ; que les nations, entrevoyant l'amélioration de cet état de choses, se retourneront vers la justice, chercheront, comme nous le cherchons nous-mêmes, la solution sociale destructive de la misère et fin de l'exploitation des hommes et des peuples.

Encore quelques flaques du sang des hommes, et l'on cessera de nous traiter d'utopistes ; trop souvent le champ du Progrès ne se fertilise qu'avec du sang : le cerveau de l'homme ne se désobstrue que par des catastrophes. Encore quelques villes incendiées, et l'humanité se réveillera honteuse de sa stupidité, la dignité de l'être intelligent se relèvera : le sujet fera place au citoyen ; le partisan des rois ne sera plus qu'un imbécile, le timide deviendra un homme un peu plus ou un peu moins libre, fier, indépendant, raisonneur, éclairé : le privilége peu à peu se retirera devant l'égalité rationnelle ; le passé cédera la place au progrès de l'avenir ; la nécessité d'une éducation morale se fera sentir de plus en plus : l'aride scepticisme sera vaincu par la science spiritualiste, par une philosophie intelligente et élevée se dégageant de plus en plus des contradictions.

Il est temps que les peuples cessent d'être des troupeaux menés par un berger et quelques chiens... limiers de la police. Les discussions se régleront dans des conférences politiques internationales. Le châtiment sera la mise au ban des nations, la mise hors des intérêts internationaux, l'exclusion temporaire de la Convention, une quarantaine monétaire commerciale au lieu d'être dans les armées, dans la force brutale. Ainsi pourra se réaliser le vœu de Sully qui pensait, après avoir équilibré les puissances de l'Europe, fonder la paix générale sur la fédération des Etats avec un tribunal suprême décidant en dernier ressort sur les causes de guerres pour l'avenir.

Croit-on que la bourgeoisie, qui a en mains le commerce et l'industrie, se laisserait ruiner à plaisir pour satisfaire le caprice d'un maître ? Laisser écraser les enfants des autres, soi-même souffrir dans son commerce, passe encore; mais se laisser réduire à la misère, non. Le papier-social serait non-seulement un progrès pour la civilisation, mais aussi la guerre à la tyrannie, tout au moins un amoindrissement du despotisme. Anacharsis Clootz disait, en parlant des assignats, que c'était le meilleur pamphlet contre la réaction, l'étranger et les rois. Aujourd'hui la classe plus élevée, bien qu'elle en souffre aussi, peut encore regarder les armées se battre : ce sont surtout les enfants de la classe ouvrière, du peuple qui ne possède pas, qui sont écharpés. Mais si toutes les bourgeoisies du monde, toutes aussi égoïstes, peuvent suivre ce spectacle, lorsque la guerre se porterait surtout contre leurs intérêts, elles feraient un pas en avant et seraient peut-être moins idolâtres, moins complaisantes pour le pouvoir, moins promptes à opiner du bonnet, plus récalcitrantes à la domination des jésuites, moins indifférentes à l'instruction et à l'éducation politique de la population des campagnes.

Les populations comprendraient de plus en plus que leurs intérêts sont les mêmes, qu'elles dépendent les unes des autres, que la question de races n'a aucune valeur en Économie sociale. — Bref, je crois que le grand mot de fraternité des peuples cesserait d'être un rêve, parce que ce ne serait plus la fraternité mais bien la communauté des intérêts, solidarité des peuples. Le mot fraternité ne peut s'appliquer dans un cadre plus restreint.

Cette sorte de quarantaine, dira-t-on, ne pourrait-elle se retourner contre la France ? Ne pourrait-on l'isoler aussi commercialement. Assurément, mais alors seulement que la Convention monétaire internationale serait établie entre un grand nombre de peuples. Au début, et sans cette Convention générale et bien réglée, cet isolement est impraticable. Une pareille entente n'est possible (partiellement, je l'admets, mais cela suffit bien) que stimulée d'une façon immédiate par un intérêt direct très-grand et universel, avec une monnaie représentative et une organisation bien établie. Alors, il est vrai, la France serait dans le même cas que tous les autres peuples, c'est-à-dire forcée de s'abstenir de conquêtes, ce qui lui est facile et est déjà suffisamment dans l'esprit de son peuple. — Nous l'avons déjà dit, du reste, la France est particulièrement favorisée ; ses immenses ressources lui permettraient de tenir le plus longtemps, de se passer des autres peuples mieux que ses voisins ne se passeraient d'elle, en supposant toutefois qu'un peuple puisse se passer d'un autre. Alceste dans le *Corsaire* disait en parlant de M. Thiers : « Il sait que notre sol incomparable donne tout ce que peuvent souhaiter les besoins de l'homme et les produits les plus raffinés de la civilisation. Le pain, le vin, la viande, l'huile, le sucre, tout afflue chez nous. Nos belles forêts, nos vastes bassins houillers et métallurgiques sont aussi riches que nos vignobles si variés ou nos terres à blé de la Beauce. Nous avons même les épices au moyen de nos colonies. S'il prenait fantaisie à la France d'élever, à l'instar de la Chine, une muraille à ses frontières et de fermer au monde l'accès de son territoire, elle pourrait vivre encore d'une vie florissante, tandis qu'autour d'elle tout souffrirait. »

CHAPITRE V^e

Objections

> « La monnaie est un organe de
> transmission, utile comme peut
> l'être le matériel roulant d'un che-
> min de fer. Le progrès consiste à
> alléger le matériel roulant, impro-
> ductif par lui-même, à le réduire
> le plus possible, à y substituer un
> nouveau mode de transport plus
> rapide…. et coûtant moins cher.»
> — M. Menier, *Théorie et applica-*
> *tion de l'Impôt sur le capital.*

On dit : « Faire de la monnaie de papier ne sert
à rien de bon. » — Il ne s'agit pas de faire de la
monnaie de papier, mais de substituer le papier au
métal comme numéraire, ce qui baisserait le taux
de la monnaie ; les services rendus par l'instrument
d'échange, et qu'il faut payer, seraient à bon marché
au lieu d'être chers. — « La dépréciation survient et
se maintient par la hausse de tout. » — Oui, si l'é-
mission est trop forte ; non, si elle ne fait que
répondre à la demande de la Circulation. — « Mais
la dépréciation et la hausse n'ont pas lieu instanta-
nément, les gens d'affaires et les habiles parent le
coup et s'enrichissent ; les petits marchands, les
ouvriers, les gens de la campagne portent tout le
choc. » — C'est justement ce que le papier-social a
pour but d'éviter, c'est pour cela que nous voulons
réduire le métal au rôle de monnaie secondaire. —
« Le riche, la plupart du temps, n'en est pas plus
riche puisqu'il paiera plus cher, et le pauvre en est
plus pauvre parce qu'il paie aussi plus cher et parce

que la différence est plus grande entre les conditions, l'inégalité en est augmentée. » — La monnaie sociale ainsi établie, et substituée en principe à la monnaie métallique, favorise l'égalité, et le progrès moral est le plus redoutable adversaire du paupérisme, dont il détruit la cause la plus active.

Nous avons dit que le dépôt de métal comme garantie de billets était un argument peu sérieux, un gage menteur, une garantie illusoire. — « On a disposé, dit M. Cernuschi, *Mécanique de l'Echange*, de l'or déposé par les porteurs de reconnaissances. Puis, du moment qu'on laissait circuler les reconnaissances après avoir disposé du dépôt, on se décida à émettre des reconnaissances de dépôt, des billets de banque, sans avoir reçu aucun dépôt. Il n'y avait là aucune différence. C'était également des *billets de banque à découvert, de la monnaie fiduciaire.*

« L'abus est devenu usage, l'usage est devenu loi et souvent privilége. Les banques qui frappent la monnaie fiduciaire s'appellent banques d'émission. Pour donner du poids à cette monnaie, on promet de la rembourser en or à première réquisition. On promet là ce qu'on a la certitude de ne pas pouvoir tenir. »

C'est ainsi que la Banque est autorisée de temps en temps à augmenter son émission, quoique depuis longtemps l'encaisse ne soit plus même le cinquième réglementaire du papier circulant en billets de banque. Mais le gouvernement emprunte à la Banque, et l'écart entre l'encaisse et l'émission grandit toujours.

« Au lieu d'émettre directement du papier-monnaie, les gouvernements se font souvent prêter par les banques des billets que celles-ci sont autorisées à ne pas rembourser en espèces (1). »

(1) Joseph Garnier, *Traité d'Economie politique*, p. 352.

« Aucune erreur n'a jamais été aussi fortunée que l'erreur de la monnaie fiduciaire, de l'or supposé. Elle satisfait les conservateurs, elle séduit les novateurs, elle plaît aux riches, elle sourit aux pauvres. Le charme est général (1). » Et cependant M. Cernuschi est en contradiction avec lui-même, car il conclut, lui économiste, à la suppression de cet or supposé pour détruire l'agiotage ; mais si cette suppression, que nous proposons aussi, était faite comme il la demande, sans autre monnaie pour le remplacer, il porterait un coup de bas au commerce, aux affaires, à l'industrie, au crédit : le tantième monétaire s'agrandirait trop....., le *tantième stérile* deviendrait... impossible.

L'or supposé (véritable papier-monnaie) « est une religion », dit encore le même. Nous acceptons cette religion, mais à condition qu'on l'épure, qu'elle tourne au détriment du paupérisme et qu'avec les autres réformes sociales elle serve à combattre la misère. La monnaie sera alors un instrument de progrès au lieu d'être un instrument d'oppression.

Tout ce que nous avons vu montre clairement que nos principes sont vrais, que nous n'offrons pas une chimère, que nous ne faisons pas un faux système, que le papier-social est parfaitement applicable, qu'il suffirait d'enseigner au peuple l'Economie sociale qui l'éloignerait des utopies, des rêves impossibles et dangereux pour le repos de la société.

Pour qu'un papier-monnaie soit excellent, il suffit : 1° qu'il n'ait pas de gage, qu'il ne s'appuie pas sur une valeur matérielle ou imaginaire (si elle existe à l'état imaginaire, elle existe encore); 2° qu'il soit uniquement l'instrument de l'échange, n'ayant pas d'autre caractère que celui de monnaie,

(1) Cernuschi, *Mécanique de l'Echange.*

valeur représentative des services ; 3° que l'émission, faite publiquement, soit à l'abri des abus ; 4° qu'elle soit faite pour le compte de la nation, et non pour celui de particuliers, d'une société, ni même de l'Etat ; 5° que sa circulation ait pour base la connaissance du véritable rôle de la monnaie ; 6° qu'il ait cours forcé résultant de cette connaissance et du consentement général ; — ce qui ne présente aucune difficulté lorsque les grandes administrations, les omnibus, la régie, les débits de tabac et le gouvernement le reçoivent couramment.

Le papier-social, qui est aussi loin du papier d'Etat que des assignats de la première République, diffère même complètement des billets de banque par le mode d'émission, la variabilité et la suppression d'un gage prétendu ou au moins énormément exagéré.— Quant aux bons de monnaie de la Société générale et du Comptoir d'escompte, ils étaient une sorte de billets de banque plus divisés, moins garantis, plus faciles à contrefaire, moins soignés sous tous les rapports, et ayant l'immense inconvénient de n'être pas uniformes, émanant de deux sociétés différentes. On désignait pour gage des fonds employés ailleurs, dans d'autres entreprises ; c'étaient des billets de banque à découvert, il n'y avait pas d'encaisse, mais on l'a cru et cela a suffi, la nécessité aidant à défaut des connaissances, du jugement et de l'habitude.

Le gage des billets de la Banque a de mauvais résultats : la Banque entasse des capitaux, le numéraire est plus rare, l'industrie et le peuple en souffrent. Les banquiers et les actionnaires en profitent seuls. L'encaisse est INUTILE.

Il est facile de remplacer la foi au gage métallique : 1° par la notion du véritable rôle de la monnaie, de l'inutilité de ce gage, des vices de la monnaie métal précieux ; 2° par la connaissance du fonctionnement et des avantages du papier-social ne se prêtant pas à la spéculation, à l'agiotage, à l'accaparement, à l'exportation ; 3° par l'habitude et par la nécessité comme après le siége de Paris ; 4° par la confiance dans le Conseil monétaire.

L'exemple de 1870 montre que le cours forcé n'a nul inconvénient quand il a lieu dans des conditions suffisantes. C'est, dira-t-on, parce que le pays a confiance dans la Banque ; mais nous venons de montrer comment on peut obtenir le même résultat, comment on peut suppléer à cette *religion* et donner au papier-monnaie cette même confiance qu'a le billet de banque. Pour le cours forcé du papier, l'essentiel est qu'on ne puisse en émettre à volonté arbitraire, ou mieux que le papier ne puisse devenir surabondant.

Si l'usure du papier est assez prompte, il peut se renouveler à volonté, sans difficulté, en échangeant (comme on fait pour les billets de banque) aux caisses le papier sali ou déchiré contre du neuf.

Reste la contrefaçon, dont il ne faut pourtant pas s'exagérer l'importance. L'inconvénient en est du reste beaucoup atténué à l'intérieur par la règle qui préside à l'émission ou retrait de papier ; mais il reste comme laissant dans les échanges partir au dehors du métal précieux contre du papier faux.

Peut-on admettre que l'étranger fabrique en grand notre papier-monnaie ? Le fait-il pour notre billet de banque ? Mais le ferait-il, il suffirait pour en détruire tout l'effet de ne recevoir de lui aucun papier-monnaie (je ne parle ni des traites ni du papier commercial) avant convention internationale.

Les billets de banque et même les bons de monnaie ou petites coupures nous prouvent assez que la contrefaçon est difficile avec les perfectionnements de nos jours. Déjà elle est à peu près impossible, sans compter les ressources de l'avenir et les découvertes de la chimie. Avec les billets de banque, on a rarement à appliquer les lois contre les faux-monnayeurs qui sont au contraire très-communs avec le métal. La contrefaçon du papier est beaucoup plus difficile que celle des monnaies d'or et d'argent, que celle des coins qui servent à la frapper, et dont il suffit de prendre l'empreinte par le moulage, en combinant le poids des métaux. Sur le papier, il est plus aisé de faire des marques et des combinaisons qui en rendent l'imitation difficile. Il y a eu récemment coup sur coup de fausses pièces d'or, des pièces fausses de cinq francs, de deux francs et de cinquante centimes, contre une seule contrefaçon des billets de banque de cinq francs à leur début, contrefaçon faite en Espagne, d'un bleu de nuance différente de celui des vrais billets, reconnaissables encore à un filet mal coupé; ils ne circulèrent qu'à l'étranger.

Si on objecte le feu, nous répondrons en citant 1° les billets de banque et le papier d'Etat; 2° ce qui se fait actuellement dans ces cas et ce que l'on pourrait aviser pour les billets d'un peu de valeur, soit une numérotation spéciale; 3° enfin on pourrait fabriquer un papier incombustible et même peu salissant.

CONCLUSION.

> Puisque les services s'échangent contre des services, il suffit que la monnaie soit un certificat de travail fait, de service rendu.

Plus de métal comme base monétaire. Plus de marchandise-monnaie, cause de misère publique, dont le riche fait abus et qui se prête à l'exploitation de la classe pauvre. Si vous n'osez sortir de l'ornière et pratiquer les nouveaux remèdes, ne vous plaignez plus de la cherté de l'argent, de la rareté du numéraire, des crises financières, du chômage et de ses suites.

Avec le papier-social, le privilége de la richesse oisive cesse en partie ; le capital se diffuse moins lentement, l'essor de la production est immense, les crises rares et plus faciles à réparer. Alors, aucun capital n'étant inactif, le capitaliste et le travailleur ne sont plus en lutte ; ce dernier jouit plus pleinement de son travail et de ses produits, l'agiotage, la spéculation sur les masses, le vol disparaissent.

La monnaie est réduite à son véritable et seul rôle d'instrument de circulation, et le métal redevient ce qu'il doit être, une marchandise précieuse servant à faire des objets d'art, de luxe et d'utilité somptueuse.

L'instrument des échanges, universellement et sainement apprécié, sera une monnaie roulant uniforme dans le monde entier peut-être.

Par une bonne circulation, aucun produit ne sera perdu ; le travail sera incessant et toujours croissant ; le paupérisme chronique disparaîtra presque complètement ; les autres causes qui l'engendrent diminueront à leur tour ; il ne subsistera que la misère accidentelle, ou résultant des infirmités qu'il sera plus aisé alors de soulager.

La société cessera d'être antagonique pour être solidaire ; le niveau intellectuel et moral s'élèvera par l'éducation, le progrès matériel procurera à tous des loisirs pour la tête et pour le cœur.

TABLE DES MATIÈRES

Evreux. — E. Quettier, imprimeur, rue Chartraine, 37.

LIBRAIRIE UNIVERSELLE DE GODET JEUNE